MARIA RITA MANNO

"CON-TATTO ESPERIENZIALE"

**Come Liberare l'Energia
del Tuo Corpo Attraverso il Campo
Quantico e la Danza dei 5 Teli.**

Titolo

"CON-TATTO ESPERIENZIALE"

Autore

Maria Rita Manno

Editore

Bruno Editore

Sito internet

http://www.brunoeditore.it

Tutti i diritti sono riservati a norma di legge. Nessuna parte di questo libro può essere riprodotta con alcun mezzo senza l'autorizzazione scritta dell'Autore e dell'Editore. È espressamente vietato trasmettere ad altri il presente libro, né in formato cartaceo né elettronico, né per denaro né a titolo gratuito. Le strategie riportate in questo libro sono frutto di anni di studi e specializzazioni, quindi non è garantito il raggiungimento dei medesimi risultati di crescita personale o professionale. Il lettore si assume piena responsabilità delle proprie scelte, consapevole dei rischi connessi a qualsiasi forma di esercizio. Il libro ha esclusivamente scopo formativo.

Sommario

Introduzione   pag. 5
Capitolo 1: Come vivere le tue emozioni   pag. 11
Capitolo 2: Come creare il tuo campo quantico   pag. 31
Capitolo 3: Come trovare il tuo ritmo di respiro   pag. 49
Capitolo 4: Come usare il respiro e la danza dei 5 teli   pag. 72
Capitolo 5: Con-Tatto Esperienziale con l'anima   pag. 92
Conclusione   pag. 111

Dedicato a mia madre, a mia nonna e a mia figlia Giulia.
"La vita è energia e l'amore è l'energia dell'anima"

Introduzione

Il contatto più profondo per me è stato quello con il dolore e con la gioia, due emozioni che hanno fatto sempre l'altalena nella mia vita. A ogni dolore profondo cercavo di ritornare alla gioia, perché da bambina avevo avuto la fortuna di vivere la gioia allo stato puro. Ci sono voluti anni, impegno, ma alla fine ci sono riuscita.

La mia vita ha subìto tre grandi mutamenti. Il primo a seguito delle molestie da parte di mio padre, avvenute quarant'anni fa, quando ero adolescente. La bambina solare non esisteva più, l'allegria ormai si era trasformata in disperazione. Il posto della bambina solare era stato occupato da un'adolescente terrorizzata e con la paura del mondo. Se chi deve proteggerti dal mondo ti fa del male, come puoi fidarti del mondo e degli esseri umani?

Il secondo grande mutamento è stato la *non nascita* di Giulia, 24 anni fa, un vuoto che non è stato mai più colmato e che ha prodotto, come risultato, ciò che sono diventata oggi: un sostegno per le donne che vogliono salutare l'anima dei loro figli mai nati. Tutto questo avviene nel campo quantico di gruppo, uno spazio protetto e sicuro a cui ho dedicato un capitolo speciale, il quinto.

Il terzo grande mutamento, avvenuto 12 anni fa, è legato a un'allergia al nichel che, non presa in considerazione dai dermatologi per 7 mesi, mi aveva fatto raggiungere un elevato tasso di nichel tanto da essere paragonato a un "avvelenamento". Per rimettermi in piedi, la scelta era tra stare nel dolore o danzare con la vita. Ho scelto di usare tutti gli strumenti a mia disposizione e il massaggio dei teli (acquisito nel corso delle mie formazioni) è diventato una tecnica di respiro. Il tutto è diventato il mio metodo di respiro della connessione e della danza dei 5 teli.

L'opportunità di superare la paura del genere umano, soprattutto degli uomini, è arrivata quando ho conosciuto Piero Crida, un uomo meraviglioso che è stato il mio mentore con il suo semplice amare la vita e accettare tutto quello che c'era così com'era, senza se e senza ma.

L'ho scelto come il padre che avrei voluto: intelligente, colto, artista, un modello di uomo che ti protegge e ti insegna solo con la sua presenza, un maestro di vita amorevole, giusto ed eticamente corretto.

Grazie alle sue parole, che mi hanno trasmesso la voglia di migliorarmi, ho iniziato a trasformare il mio massaggio da estetista (all'epoca) in uno strumento per vivere le mie emozioni attraverso il con-tatto del massaggio. Sempre grazie a lui e alla sua ospitalità nello Sri Lanka, ho portato a casa una tecnica di massaggio completo. Grazie a questa esperienza, ho ideato la mia tecnica di massaggio dei 7 teli.

Con il tempo quello strumento è diventato "il" con-tatto, un contatto delicato che passa dal corpo per arrivare all'anima, per far vivere, con infinita dolcezza, un'esperienza con la vibrazione dell'accoglienza, dell'amorevolezza.

A patire dal vuoto di una figlia mai nata, ho avuto la forza di cambiare la direzione della mia vita. Ma, per entrare in un campo quantico e incontrare l'anima con cui avevo bisogno di fare pace, mi ci è voluto molto tempo; mi riferisco a quel campo quantico che ho scoperto essere necessario per dare sollievo al dolore di una madre che non potrà mai abbracciare suo figlio. Un con-tatto con l'anima di cui parlerò nel capitolo 5.

A partire dalla malattia prodotta dal nichel, invece, ho avuto la forza di trasformare il mio massaggio dei 7 teli colorati in una tecnica di respiro e danza per ritrovare la gioia di onorare la vita. Scoprire che potevo sostituire tutto quel dolore con la gioia e scegliere di farlo è stato un tutt'uno. Scoprire, inoltre, che biologicamente produciamo "l'ormone della gioia", e sapere che anche con il respiro, la danza e il tocco delicato si può stimolare la produzione di questo ormone, per me ha fatto la differenza.

In fondo, chi meglio di me poteva capire l'importanza del contatto delicato? Avevo la necessità di un tocco delicato e amorevole nella mia vita, desideravo più di ogni cosa essere amata e ritrovare la gioia che avevo da bambina. Perciò ho colto questa opportunità e sono uscita dall'anonimato, anche per tutte quelle donne che non hanno mai parlato a nessuno di ciò che si tengono dentro. Abbiamo l'obbligo verso noi stesse di cambiare, sostituire tutto quel dolore con la gioia, con l'inno alla vita, perché noi siamo *vive*.

Ho strutturato questo libro in modo che, in ciascun capitolo, tu possa capire come sono arrivata a quella scelta e a quel risultato, le informazioni su come e perché funzionano le tecniche che ho usato, gli esercizi di Con-Tatto Esperienziale che ti propongo e che portano a un risultato attraverso la loro applicazione. Inoltre, troverai alcune testimonianze dirette e, già dal primo capitolo, potrai eseguire il primo esercizio di Con-Tatto Esperienziale.

Il viaggio che si intraprende nei primi quattro capitoli è nato per portarti a fare un'esperienza diretta con le tue emozioni, con il tuo respiro e la tua danza, allo scopo di trasformare i tuoi blocchi emozionali nel campo quantico.

Il quinto capitolo è speciale e serve per metterti a conoscenza di un con-tatto con l'anima, attraverso il campo quantico di gruppo e la conclusione di un percorso che si svolge attraverso il Con-Tatto Esperienziale.

Buon viaggio, buona lettura e grazie per aver scelto di leggere questo libro, la mia storia, il mio risultato e quello di molti altri!

Maria Rita Manno

Capitolo 1:
Come vivere le tue emozioni

«Ho deciso di vivere la mia vita nel rispetto dell'ordine cosmico divino, di vivere con amore e gioia ogni giorno della mia vita, di amare e onorare la vita. Scelgo di vivere in contatto con la vita, di fare esperienza continua e diretta con la vita, ed è così che decido e scelgo di iniziare a trasmettere le modalità che hanno funzionato per me, per vivere bene nel flusso della vita e del sé, poiché, attraverso l'insegnamento e la relazione con la vita, imparo sempre di più».

Questa è la promessa che ho fatto a me stessa, che ho mantenuto finora e che intendo mantenere ancora. Visto che la mia vita ha avuto contatti violenti già quando avevo 3 anni, mi ci sono voluti impegno e applicazione per trasformarla . Nel tempo ho scoperto che i cambiamenti avvenivano molto più facilmente e velocemente con un contatto delicato, gentile e amorevole.

Cercare di uscire dalle dinamiche violente famigliari non sempre è facile; oltre alla rabbia c'è il senso di colpa, la disperazione. La scelta di scrivere il libro sul Con-Tatto Esperienziale nasce dall'aver sperimentato di persona che nessun essere umano, grande o piccolo che sia, può fare a meno di entrare in con-tatto con se stesso, con le proprie emozioni, con la propria anima.

SEGRETO n. 1: quello che pensi influenza le tue scelte e le tue emozioni provocano reazioni dirette sul tuo corpo.

La cosa peggiore dei miei pensieri era ciò che produceva il mio inconscio, trasmettendolo al cervello; non era solo la molestia, la violenza, quanto il pensiero malsano che si era inciso nelle mie cellule come memoria e che ho portato con me per anni. Ricordo bene con ogni mia singola cellula quando mi sono trovata nella posizione in cui l'unico pensiero era di uccidere o essere uccisa.

È un pomeriggio e mio padre è partito con il suo modo malato di rivolgersi a me. (avevo il terrore di ritrovarmi da sola in casa con lui e di non sapere se e quando mi avrebbe attaccata, cosa che accadeva ormai da tempo). Mi afferra prima per un braccio, e io mi divincolo, poi per i capelli (sento ancora il dolore alla testa mentre lo rivivo), mi tiene ferma per i capelli (erano lunghi sino sotto al sedere), "mi tocca". Sono disarmata e impaurita, in qualche modo riesco a gridare, lui molla per un secondo la presa ai capelli e io riesco a scappare, afferro il coltello lungo (era sul tavolo perché avevo tagliato la carne per cucinare) e sono lì di fronte a lui pronta a squartargli la pancia, con tutto il dolore della mia anima, con le lacrime che non mi fanno nemmeno mettere a fuoco ciò che ho davanti. Sono lì, e so che se lui si avvicina, stavolta lo uccido.

E piango, piango, piango perché sono troppo giovane (18 anni) per finire in galera, o morta, o solo Dio sa cos'altro. Vorrei avere una scappatoia, ma non ne ho nessuna davanti a me, e continuo a piangere disperata perché già immagino il peggio e prego, prego che Dio mi aiuti in qualsiasi modo, basta che mi aiuti.

E siccome il creatore mi ama, e tanto anche, in quel frangente di emozioni forti e di paura, senza sapere bene come ne potevo uscire, suona il campanello di casa... Un attimo, una frazione di secondo: lui si distrae e io scappo verso la porta ad aprire.

Sicuramente il mio cervello rettiliano (che funziona solo in modalità attacco o fuga) ha reagito perfettamente alla situazione, mentre io continuavo a cercare soluzioni. Era mia madre che non aveva le chiavi.

Era rientrata prima dal lavoro perché stava poco bene, ed eccomi lì, di fronte a lei, con un coltello in mano e sollevata perché era arrivata in tempo. E finalmente, come un fiume in piena, urlando e piangendo, racconto cosa mi succede in casa. Mia madre, una donna coraggiosa e forte, da quel giorno è sempre al mio fianco.

Un secondo, la scelta, la verità e, finalmente, la gioia di non aver ucciso né di essere stata uccisa. In quei momenti non sai mai come può andare a finire. Sopravvissuta fisicamente, ma emotivamente distrutta, con il pensiero di non valere nulla, di non avere il diritto di chiedere qualcosa di migliore alla vita, di sentirmi sporca, brutta, con il pensiero del fallimento, il pensiero che fosse colpa mia (rincarato poi da lui che, per difendersi, diceva falsità sul mio conto), che qualcosa ti è stato rubato, portato via per sempre, e che nessuno potrà mai amarti davvero.

Quando ho compreso, e di conseguenza deciso, che tutte quelle emozioni distorte e quel pensiero negativo dovevano essere cambiati, è stato difficile entrare nuovamente in quell'emozione, in quell'energia. Ma era necessario per poterla cambiare.

SEGRETO n. 2: entra consapevolmente e coscientemente nell'emozione per rivedere e sostituire il blocco emozionale energetico.

Quindi, il primo passo per sbloccare l'energia è: scegliere di entrare consapevolmente dentro l'emozione che provi, di viverla e comprenderla per poterla trasformare. Liberare questa energia ti permette inoltre di uscire sia dal giudizio personale che hai di te stessa, sia dal giudizio altrui. Questo fa di te una persona libera.

La vita è fatta di emozioni che influenzano la tua percezione e, di conseguenza, la relativa capacità di giudizio. Le tue emozioni producono una vibrazione che stimola la tua pelle, il tuo intestino, il tuo stomaco, il tuo cuore e tutti gli altri organi; sicuramente ti sei già accorta di questo.

La tua pelle, per esempio, reagisce con la pelle d'oca a qualcosa di piacevole o di spiacevole, al caldo o al freddo. Il tuo stomaco reagisce con un blocco: forse non ha digerito una situazione, un avvenimento o qualcuno che ti ha fatto qualcosa che reputi sia un'ingiustizia? Anche l'intestino reagisce all'emozione, e il risultato è la stipsi, o una colica, dettate dalla tensione o dalla paura. Per non dimenticare le fasce muscolari cardiache: infatti l'emozione vibra stimolando il battito del cuore e accelerandolo, oppure attraverso la pressione sul petto.

Come vedi la comprensione delle tue emozioni è importante, il tuo corpo è una macchina perfetta, strutturata in modo funzionale, che risponde biologicamente alle emozioni con delle reazioni. È molto importante che tu rimanga presente all'emozione che provi, perché influenza le tue percezioni e, di conseguenza, la tua capacità di prendere decisioni; fare la scelta giusta o la scelta sbagliata in quel momento fa la differenza.

Ciò che stimola la tua emozione è il pensiero che hai formulato, ma di cui non sei pienamente consapevole. Di fatto non riesci a essere presente a tutti i pensieri – una statistica ha dichiarato che sono circa 60.000 i pensieri in un giorno (24 ore) – ma è importante cominciare a prendere coscienza che i tuoi pensieri muovono le emozioni e che il risultato può tradursi, per te, in opportunità o minaccia.

SEGRETO n. 3: ogni pensiero che fai produce biologicamente reazioni di malessere o benessere; queste reazioni producono la tua realtà.

Un'informazione generale che può esserti utile è sapere che, a livello biologico, ogni pensiero che fai, che sia un pensiero negativo o positivo, stimola la produzione di alcune sostanze che viaggiano nel tuo corpo toccando ogni tua cellula e producendo reazioni di malessere o benessere.

Pensieri ed emozione sono strettamente collegati. Cosa pensi davvero di te stessa è molto importante per capire cosa puoi modificare o migliorare. Per me è stato importante scoprire che a livello biologico la produzione di serotonina (ormone del buonumore) è legata all'apprendimento, questo ha stimolato in me la ricerca di nuove strategie e tecniche. La produzione dell'ormone della dopamina, ormone del piacere legato al controllo delle emozioni, che può essere stimolata anche attraverso la musica e il movimento fisico, ha prodotto la tecnica della danza dei 5 teli.

La scoperta che il con-tatto, il tocco delicato, stimola la produzione dell'ossitocina (l'ormone della dolcezza e serenità) mi ha indotto a cercare un tocco che fosse il più dolce possibile per produrre risultati più veloci e profondi. Così è nata la mia tecnica di massaggio del "Con-Tatto MTKB".

Da alcuni anni ho scelto di aiutare altre persone ad accettare il proprio vissuto, più o meno doloroso, e a fare la scelta di cambiare quel dolore con una nuova vibrazione che contenga l'entusiasmo, la gioia, la *vita*, partendo dalle mie conoscenze e applicando ciò che avevo a mia disposizione. Questo libro ha l'obiettivo di accompagnarti in un percorso esperienziale, per entrare in un con-tatto diretto con la parte più profonda di te, e per liberare il tuo corpo da emozioni pesanti o distorte attraverso il respiro, il campo quantico esperienziale e la danza.

Le emozioni sono energia in movimento e ti ritrovi sempre a doverle fronteggiare. Ci sono due emozioni principali che danno il via a tutte le altre: l'emozione dell'amore e quella della paura. Con l'emozione dell'amore si sviluppa una vibrazione positiva che dà al tuo corpo un impulso di benessere, di gioia.

Ma quando vivi nell'emozione della paura, tutto diventa disfunzionale. Se vivi nella paura di non essere all'altezza delle situazioni o delle persone, nella paura che ti possa accadere qualcosa di spiacevole, di perdere qualcosa o qualcuno, di vivere o di morire, il tuo corpo, così come produce ormoni benefici, produce sostanze tossiche, come l'ormone della noradrenalina, che viene rilasciato in risposta a un grosso stress fisico o psicologico (ferite o esperienze paurose).

Io conosco bene queste paure perché mi hanno accompagnata per molti anni della mia vita e hanno prodotto nel mio corpo degli scompensi di natura fisica (alopecie, disfunzioni endocrine, disfunzioni alimentari, intossicazioni, il ferirmi continuamente). Dalla paura si innesca immediatamente la confusione; ti ritrovi dentro un'emozione che ti blocca e non sai più qual è la giusta direzione da prendere, non riesci a comprendere nemmeno le cose più semplici. La paura ti tiene legata al passato, al pensiero di cosa avresti potuto fare e, di conseguenza, di come sarebbe oggi. Non riesci ad accettare ciò che hai adesso (il "qui e ora").

Con queste emozioni confuse, generate dalla paura, e di conseguenza dal giudizio, se prendi decisioni o fai scelte, i risultati non possono che essere dolorosi, inopportuni e, la maggior parte delle, volte sbagliati. Capire che un pensiero ti scatena determinate emozioni e scoprire come si attivano queste emozioni è importante per poter entrare in con-tatto con esse e lavorare per cambiarne l'energia. Questo passaggio è essenziale e a volte anche vitale.

Durante la mia esperienza ho scoperto che capire qual è il pensiero che scatena l'emozione che ha generato il malessere è fondamentale, ecco perché voglio trasmetterti la mia esperienza. Di fatto ciò che distingue le macchine dall'essere umano è proprio il provare emozioni. Prestare attenzione a cosa provi davvero e capire come fronteggiare momenti difficili per superare l'ansia o lo spavento, che sono generati da pensieri negativi, certamente per te può fare la differenza. Iniziare il lavoro su te stessa per comprendere cosa stai provando e quale reazione ti procura quel pensiero, sapendo che puoi liberare l'energia legata a quell'emozione, fa un'enorme differenza tra stare nel "mal-essere" e stare nel "ben-essere".

Le emozioni distorte iniziano con la paura, ma ci sono anche il giudizio, il bullismo, l'isolamento forzato da altri, la violenza (che sia verbale o di altra natura) che destabilizzano tutti, ma devastano le persone più fragili. Questo accade perché sei legata (tuo malgrado) al giudizio che puoi avere su te stessa o sugli altri, oppure al pensiero del giudizio che gli altri hanno nei tuoi confronti.

In queste circostanze, chi più chi meno, ci ritroviamo nostro malgrado a essere schiavi di un pensiero che ci rinchiude dentro il giudizio. Nel momento in cui volevo essere accettata a tutti i costi, in cui volevo l'approvazione della mia famiglia, degli insegnati, degli amici, mi ritrovavo a vivere in un'emozione distorta legata all'abbandono, alla rabbia e anche alla vergogna.

Ero chiusa nel giudizio che fossi sbagliata, per questo ciò che desideravo o che mi aspettavo non avveniva mai. Ciò che pensi davvero di te è memorizzato nel tuo corpo, nel tuo inconscio. Credevo che nascondendo a me stessa le emozioni che per anni mi avevano devastata, quelle potessero sparire. Poi, a un certo punto, ero così stanca di stare male che, avendo colto un'opportunità, iniziai a lavorare sul serio su me stessa: e finalmente i primi risultati arrivarono.

Se ripenso al periodo in cui andavo a letto la sera pregando di morire e mi svegliavo al mattino con il terrore di cosa mi aspettasse senza vedere nessuna via di uscita, mi chiedo: perché ho sprecato tempo e non ho iniziato prima a lavorare su me stessa per trovare la vibrazione della gioia? Semplicemente perché non ero pronta e non avevo gli strumenti né le strategie per uscire dalle vecchie modalità.

SEGRETO n. 4: focalizza l'attenzione per cambiare i tuoi pensieri e le tue emozioni al momento presente, il "qui e ora".

Il primo passo consiste nel vivere costantemente nel "qui e ora", nel cominciare a essere presente a te stessa, presente nelle situazioni che vivi, prestando attenzione ai pensieri predominanti che attivano le tue emozioni nel momento attuale. La maggior parte del tempo non siamo presenti a noi stessi, presi da mille cose da fare e dalle innumerevoli emozioni che ci attraversano nell'arco della giornata.

Se non sei presente a te stessa e ai tuoi pensieri, e se tutto questo persiste passando da minuti che diventano ore, che diventano giorni, sino a diventare anni, allora puoi ritrovarti in balia delle emozioni che governano la tua vita. Focalizzare l'attenzione è un metodo per portare consapevolmente l'attenzione al momento presente, al "qui e ora"; solo così diventi consapevole di quale emozione provi, di come ti senti veramente.

Il pensiero va rivisto, riformulato nell'attimo in cui si forma. Se questo ancora non ti riesce, è normale, bisogna impegnarsi e allenarsi all'attenzione. Questa modalità di riformulazione (a evento già accaduto, che vuoi rivedere e riformulare) può avvenire nel campo quantico, come spiegherò nel capitolo successivo. In ogni caso è utile che tu sappia che la tecnica più potente per rimanere presente a te stessa è il respiro, che descriverò in modo dettagliato nel capitolo 4.

SEGRETO n. 5: scegli di cogliere l'opportunità di iniziare il tuo cambiamento organizzandoti e applicandoti nel fare gli esercizi di Con-Tatto Esperienziale.

Oggi so che, se vuoi ottenere un risultato o un obiettivo, è necessario che tu scelga di:

- voler cambiare;
- trovare il metodo più congeniale alle tue necessità o preferenze;
- lavorare sull'organizzazione, la disciplina e l'applicazione.

Ed è per questo che il primo esercizio per prendere con-tatto e fare esperienza diretta lo propongo già in questo primo capitolo. Questo esercizio serve per farti scoprire l'immagine che il tuo inconscio ha veramente di te, iniziando subito con il tuo primo Con-Tatto Esperienziale. Questa tecnica l'abbiamo usata in un corso di formazione di massaggio, nel 1995, e la propongo in alcuni dei miei incontri e nelle sedute individuali. La sua funzionalità è sorprendente: effettuare un confronto dopo aver fatto gli esercizi ti permette di verificare immediatamente cos'è cambiato in te.

La parte importante è l'organizzazione, quindi procurati quattro fogli A4, quattro penne di colore diverso (una penna colorata da usare per ogni capitolo, per poter confrontare meglio i tuoi risultati), un quaderno per scrivere le tue emozioni, sensazioni, risposte, per tracciare i punti importanti di questo tuo viaggio e che ti servono adesso, nel primo capitolo.

Primo esercizio di Con-Tatto Esperienziale.
Prima di cominciare, *leggi bene tutte le istruzioni* e prepara tutto il materiale necessario. Per fare questo primo esercizio è necessario che ti procuri dei fogli A4, un quaderno per scrivere le tue riflessioni lungo il percorso, delle penne di diverso colore. Scegli la prima penna, fai un bel respiro, *chiudi gli occhi e disegnati.*

Questa è una tecnica che ha prodotto grandi risultati. La utilizzo quando voglio capire cosa sta succedendo, che tipo di emozioni di cui non sono pienamente consapevole mi stanno influenzando, come mi vede davvero il mio inconscio. È la mia mappa: usala e vedrai che avrai una visione immediata della tua situazione.

Tenendo gli occhi chiusi, disegnati. Le domande che mi fanno di solito sono: «Ma devo disegnare il mio corpo?» «Posso disegnare ciò che voglio?» *Chiudi gli occhi e disegnati*, qualsiasi cosa significhi questa frase per te, tanto ci pensa il tuo inconscio a darti l'immagine di come ti vede davvero. Prima di riaprire gli occhi, gira il foglio (in modo da non vedere il disegno) e scrivi (sul retro del foglio) la data e "disegno numero 1". Non guardare il tuo disegno sino al momento del confronto con il prossimo disegno che farai. *Ora che hai letto tutte le informazioni puoi iniziare l'esercizio.*

Testimonianza n. 1
Ho scelto di pubblicare (con il loro consenso) alcune testimonianze delle persone con cui ho lavorato. Quella che segue è la testimonianza diretta di Erika S., 21 anni (Michigan, USA).

«Quando ho preso parte per la prima volta a un percorso di Maria Rita, insieme alla mia mamma, avevo 8 anni. Oggi, a 13 anni di distanza, sono profondamente grata per quella scelta presa tempo fa, nonostante ancora non avessi idea di cosa volessero dire cose come crescita personale o percorsi spirituali.

Il metodo "Mia Tita K. Breath" è stato il primo che ho conosciuto grazie a lei. Apparentemente semplice ma, senza ombra di dubbio, con un enorme potere di trasformazione. Ricordo quanta fatica facevo, quando ero piccola, a esprimere le emozioni e ancora di più a identificarle. Con il respiro e la sua tecnica dei 5 teli ho imparato per la prima volta a sfogarmi, a liberarmi e a iniziare a stabilire una consapevolezza di ciò che accadeva dentro di me.

Ho iniziato a entrare in contatto con me stessa e con le mie emozioni; recentemente (circa 18 mesi fa) ho partecipato a una giornata di costellazioni in cui, con la guida di Maria Rita, mi sono rivolta al campo quantico affinché mi orientasse in una scelta importante che dovevo prendere. Ero alle prese con il compito di decidere la strada da intraprendere dopo la maturità. Tra le diverse opzioni messe in scena nel campo quantico, ricordo di essere stata attratta dall'opzione "America" e, più precisamente, Orlando, in Florida.

Ho sempre avuto un desiderio irrefrenabile di partire e vivere fuori dall'Italia, ma non avevo ancora concretizzato il piano d'azione. Le emozioni, in quel momento, erano un susseguirsi di eccitazione e paura, coraggio e timore di fallire, voglia di cambiare e infiniti dubbi.

Un'avventura e un salto nel vuoto in contemporanea. Alla fine dell'incontro sono tornata a casa sicuramente con più punti interrogativi che certezze; ma in realtà è bastato giusto il tempo di mandare l'applicazione per un lavoro a Disney World, Orlando, e il quadro è diventato chiaro.

Qualche mese dopo ero seduta su un volo Milano-Miami pronto a decollare, in lacrime e con l'adrenalina alle stelle. Pronta a dare una svolta drastica alla mia vita. Grazie, Maria Rita, per avermi guidata in un percorso che ha aperto le porte a nuove prospettive e trasformazioni».

Alla fine di ogni ognuno dei 4 capitoli troverai un disegno fatto con la tecnica del "chiudi gli occhi e disegnati" che mostra il risultato del lavoro fatto su me stessa. Il primo disegno è stato fatto nel 1995.

RIEPILOGO DEL CAPITOLO 1:

- SEGRETO n. 1: quello che pensi influenza le tue scelte e le tue emozioni provocano reazioni dirette sul tuo corpo.
- SEGRETO n. 2: entra consapevolmente e coscientemente nell'emozione per rivedere e sostituire il blocco emozionale energetico.
- SEGRETO n. 3: ogni pensiero che fai produce biologicamente reazioni di malessere o benessere; queste reazioni producono la tua realtà.
- SEGRETO n. 4: focalizza l'attenzione per cambiare i tuoi pensieri e le tue emozioni al momento presente, il "qui e ora".
- SEGRETO n. 5: scegli di cogliere l'opportunità di iniziare il tuo cambiamento organizzandoti e applicandoti nel fare gli esercizi di Con-Tatto Esperienziale.

Capitolo 2:
Come creare il tuo campo quantico

Per molti anni ho pensato di non valere nulla, per altrettanti anni ho pensato di valere poco, poi ho scoperto che ciò che pensavo di me stessa era totalmente falso. L'universo mi aveva dato la possibilità di sperimentare la felicità, l'amorevolezza, il pensiero positivo.

Ero una bambina ed era il periodo delle vacanze estive in Calabria, dai nonni, il periodo più bello di tutta la mia vita, sempre fuori all'aria aperta, sopra gli alberi, nei torrenti, a giocare e gioire senza pensieri, a mangiare cose genuine come il pane fatto in casa da nonna Antonietta. Una vera festa.

Ho avuto la fortuna di avere questa magica insegnante che mi ha trasmesso i rituali attraverso l'esperienza diretta. È stata la prima a trasmettermi che i miracoli si avverano e che le favole sono uno strumento di riprogrammazione. Per me era una donna eccezionale, non certo perfetta, ma è stata lei, negli anni 70/80, a trasmettermi il pensare positivo, il campo quantico e la magia della cura. Ma questo l'ho compreso molti anni più tardi, nel 1999, al seminario di Louise L. Hay.

Prima di andare a letto mi raccontava una favola, a dire il vero era sempre la stessa, conosceva solo quella, e la raccontava nel suo dialetto, il calabrese. La fiaba (solo con il tempo me ne sono resa conto) era una riprogrammazione, un istillare il pensiero che si possa creare la propria realtà. Tutto questo rituale avveniva mentre mi lavava dentro una grossa bacinella di plastica, ma il racconto iniziava già durante la preparazione.

Toglieva la pentola dal fuoco del camino, versava l'acqua calda nella bacinella e aggiungeva l'acqua fredda, (quella che io avevo portato dalla fontana, dentro dei bidoni di plastica) e poi, quando la temperatura era quella giusta, mi faceva entrare nella bacinella e cominciava a lavarmi.

Il suo tocco sulla mia pelle, il calore delle sue mani erano una cura per me, "riprogrammava" con le parole e con le sue mani la mia memoria cellulare. Mentre lei raccontava, io ero esattamente *dentro* la fiaba; la mia memoria cellulare ha mantenuto nitido e intatto quel ricordo nel corpo, nella mente e nell'anima.

Mentre mi lavava mi raccontava la fiaba di "Spera di suli" (raggio di sole). Ora la fiaba non la ricordo più tutta, ma solo il pezzo che è stato importante per me. Parlava della figlia di un fornaio che era nera come il carbone e brutta come la pece; la madre ogni sera le pettinava i capelli e le ripeteva: «Raggio di sole, raggio di sole sarai regina un giorno se Dio vuole».

La fiaba finiva (in contemporanea con nonna che mi asciugava) dicendo che un bel giorno questa ragazza da brutta diventava bella come un raggio di sole e sposava il principe. Per me bimbina era già tanto il fatto che ci fosse un Dio (nonna era molto credente) così bravo da trasformare un cesso in un raggio di sole.

Sono consapevole che quel rituale che avveniva tutte le sere (da metà giugno ai primi di settembre, ogni anno fino al 1982, quando mia nonna è morta) per me ha fatto la differenza. Questo vissuto è stato l'inizio di tutto: la fede in un essere invisibile che faceva cose strabilianti, la fiducia nel "domani tutto può cambiare con un miracolo", il tocco che guarisce attraverso l'amore. Dopo la molestia, sono questi i ricordi che mi hanno aiutato a sopravvivere nel periodo buio che è arrivato successivamente.

SEGRETO n. 1: sapere cos'è e come funziona il campo quantico è importante per fare esperienza diretta di con-tatto con le tue emozioni.

Per poter attuare delle trasformazioni è necessario creare e lavorare dentro un campo quantico. Ti spiego brevemente cos'è. La fisica quantistica dice che ci sono infinite possibilità e che l'avvenimento è strettamente collegato a ciò che si sceglie di osservare. Quando si osserva un fenomeno da più punti di vista con la mente aperta alle infinite possibilità (oltre le credenze limitanti) iniziano a manifestarsi nuovi eventi e sincronismi. Nel campo quantico si parla di particella, dove la particella appare solo quando viene osservata (risultato di esperimenti da laboratorio); quindi, se appare quando viene osservata, c'è anche qualcuno che osserva.

Mettendo insieme tutte queste informazioni, ho compreso quanto sia importante il campo quantico e come crearlo. Nel campo quantico l'evento "traumatico" viene osservato senza giudizio e senza interferenze, affinché possa essere rimesso in ordine.

- **Evento** – La situazione da osservare; nel tuo caso, qualunque problema tu voglia vedere e risolvere.
- **Osservato** – Nel momento in cui decidi di guardare il problema che vuoi risolvere, appare esattamente quello che non avevi notato prima. In quanto (come scritto precedentemente per la particella, che appare quando viene osservata) il tuo osservare ha lo scopo di far emergere la verità di quel problema.
- **Osservatore** – Sei tu negli esercizi che esegui, oppure l'operatore olistico, se vuoi lavorare con un professionista. Inoltre l'osservatore dell'evento non cerca di interferire con la mente, guidando l'evento per cercare una soluzione comoda, bensì osserva ciò che accade e ne prende solo coscienza.

Poiché l'osservazione di un evento è il campo e la particella è una vibrazione in un campo, che appare quando viene osservata, si osserva cosa accade all'interno del campo (che sia campo individuale, di coppia oppure di gruppo) dove si distruggono le bugie e si creano nuovi eventi nella verità osservata, manifestando situazioni diverse e sincronismi.

Se scegli di lavorare dentro un campo quantico, ti apri a nuove possibilità nella tua vita. Anche solo credere che qualcosa sia possibile lo fa diventare tale. Se inizi a osservare il sistema che si era bloccato, si creano nuovi scenari con infinite possibilità. Osservando il blocco, o il problema, che "metti in scena" come fosse una rappresentazione, non solo il sistema bloccato riprende a funzionare con ordine, ma hai anche la possibilità di dare un nuovo ordine, una nuova manifestazione.

SEGRETO n. 2: l'occasione del campo quantico, lo spazio e l'emozione del momento.

L'occasione che si crea nel campo quantico è quella di vivere la tua emozione nel momento, osservare qual è il tuo pensiero inerente a quel problema, per poi accettarlo usando il ritmo del tuo respiro e, finalmente, liberare l'energia bloccata attraverso la danza dei 5 teli: un viaggio di con-tatto con te stessa. Come ho detto in precedenza, per molti anni mi sono portata dietro il pensiero di non valere nulla, sono andata avanti senza apprezzare davvero quello che avevo, ma il Creatore mi ama, e mi è arrivata un'altra sfida da poter superare per farne qualcosa di buono.

L'esperienza fatta con mia nonna durante quel meraviglioso periodo ha fatto in modo che io riproducessi esattamente quel rituale fantastico. Ricreare quel campo che mi aveva nutrita, amata, sostenuta, quel campo che aveva creato la possibilità dei miracoli (in fondo quella ragazza brutta come un tizzone era diventata un raggio di sole), quel campo dove il con-tatto con le sue mani era "l'amore".

Così è iniziata la sperimentazione del mio "teatrino" che mi ha aiutata a osservare e modificare ciò che non funzionava. Avendo partecipato alla formazione Sciamanica, nello specifico alle Costellazioni sciamaniche, dove tutto ciò che accadeva durante la rappresentazione aveva un messaggio importante, ho utilizzato questa conoscenza direttamente su me stessa.

Ho iniziato a creare il mio spazio, il mio "teatrino". In fondo i miei temi erano pesanti, e delicati, e siccome non riuscivo a parlarne con nessuno, dovevo trovare qualcosa che potessi fare da sola per sbloccarmi.

SEGRETO n. 3: come creare il tuo campo e programmarlo: entrare nel campo e sperimentare le tue emozioni, le tue sensazioni.

Per la creazione del tuo "teatrino", prendi un telo colorato o bianco, non importa, l'importante è che piaccia a te e ti rilassi. Le misure dovrebbero essere circa quelle di un lenzuolo singolo. Scegli un momento di pace e tranquillità per poter fare quest'esperienza; scegli una stanza che sia il più silenziosa possibile e con un'atmosfera di luce avvolgente (non forte, né diretta); scegli una musica dolce tipo quella da meditazione; accendi un incenso e una candela (quelle dentro l'alluminio che servono come scaldavivande sono perfette).

Stendi il tuo telo e programmalo dandogli il comando di quale dev'essere il suo compito, per esempio "chiedo a questo telo di diventare il mio campo quantico, il mio posto comodo e sicuro per trasformare i miei blocchi". Subito dopo, purifica con l'incenso lo spazio del telo e fai un'invocazione perché il lavoro all'interno del campo quantico sia perfetto. Invocare etimologicamente significa "chiamare a sé"; nell'invocazione c'è la tua credenza o fede, l'invocare la protezione, o la guida, o il sostegno.

La mia invocazione è: «Io invoco la presenza *Io Sono* (l'Io Sono è riferita all'invocare la Divinità), il mio sé Superiore, la mia anima, le sorelle della saggezza (i 5 teli colorati), gli esseri di luce (universo, angeli o santi in base alle tue credenze) il mio maestro per effettuare un ottimo lavoro nella verità e nell'accettazione».

Quest'invocazione puoi modificarla in base alle tue credenze o alle tue preferenze con le frasi che più ti rappresentano. La tecnica delle invocazioni l'ho appresa durante la mia formazione di respiro con Judith Kravitz, nel 2000, e da allora la uso sempre.

Quando sei pronta, esponi il problema che vuoi osservare e quale intento (risultato, obiettivo) vuoi raggiungere. Ti suggerisco un intento che sia inerente al vedere chiaramente l'emozione e che sia in forma positiva. Esempio di intenzione *non valida*: «Non voglio più piangere per...» Esempio di intenzione *valida*: «Voglio vedere qual è la vera emozione che mi fa piangere e mi blocca in questa situazione o con questa persona, per liberarmi e stare bene».

Dopo aver formulato la tua intenzione, sali sul tuo telo disteso a terra e rimani in ascolto, sii presente a te stessa, osserva solamente cosa provi o quali pensieri si formano in base al problema che hai esposto. Le intenzioni sono "l'energia potente che scaturisce dall'anima", la saggezza che guida le tue intenzioni è luce, amore e compassione. L'intenzione è energia focalizzata e diretta verso il compimento di un'azione che permetta alla tua anima di svolgere la sua missione.

Per il momento prendi solo coscienza delle tue emozioni e dei tuoi pensieri all'interno di un campo che prima non esisteva. Per cambiare le cose bisogna che innanzi tutto tu sia consapevole di cosa provi davvero e di quali sono i tuoi veri pensieri su quell'argomento.

SEGRETO n. 4: nel tuo campo il problema è l'evento da osservare: tu sei l'osservatore e il problema è ciò che hai da osservare.

Nel campo che hai creato, sei tu l'osservatore che osserva senza giudizio. È importante che tu non giudichi; se ti accorgi che accade, allora il primo lavoro da fare è proprio sul giudizio. Resta in osservazione di cosa provi e, se emerge che il problema da risolvere è con qualcosa o con qualcuno, allora inserisci nel tuo campo dei cuscini, un cuscino per ogni persona o situazione. Parla a voce alta, esponi il problema, il dubbio, il tuo disagio e resta in ascolto.

Se il problema è con un' amica (o collega, figlio, compagno ecc.), immagina di dirle tutto quello che pensi o provi, lasciati andare a ruota libera anche con parole che possono essere pesanti, rivolgiti al cuscino come se fosse la persona interessata. Parla, sfogati, fai uscire tutte le emozioni distorte e, quando avrai finito, resta in ascolto; prendi coscienza delle reazioni del tuo corpo e dei pensieri che stai facendo in merito.

Il lavoro di integrazione sarà attraverso il tuo respiro, che farai sempre sul telo (v. capitolo 3) e la trasformazione definita del blocco sarà attraverso la danza (v. capitolo 4). Lasciati guidare dal flusso dell'energia, senza pregiudizi.

SEGRETO n. 5: esercizio di con-tatto con il campo quantico, con tutte le sue varianti, e testimonianza della potenza di un campo quantico.

Secondo esercizio di Con-Tatto Esperienziale
Prima *leggi bene tutte le istruzioni* e prepara tutto il materiale necessario.

Per fare questo primo esercizio è necessario che ti procuri i soliti fogli A4, il tuo quaderno di viaggio (per scrivere le tue riflessioni lungo il percorso), delle penne di diverso colore. Scegli la prima penna, fai un bel respiro, "chiudi gli occhi e disegnati". Questo è il primo disegno che fai per questo capitolo. Rifarai il disegno a tecnica completata per vedere le differenze.

Prima di riaprire gli occhi, gira il foglio (in modo da non vedere il disegno) e scrivi (sul retro del foglio) la data e "disegno numero 1 del capitolo 2". Non guardare il tuo disegno sino al momento del confronto con il prossimo disegno che farai.

Prepara il tuo telo, dichiara il tuo intento (l'obiettivo che vuoi raggiungere e sempre in forma positiva, ricordalo!) che sia inerente al vedere davvero il tuo vero pensiero e di conseguenza la tua vera emozione, nel "qui e ora". Tutto accade nel momento in cui esegui l'esercizio, tutto è in azione in quel preciso istante.

Sali sul tuo "teatrino di campo quantico" (il tuo telo) e inizia a osservare. Se ti necessita comprendere cosa stai vivendo in questo periodo della tua vita, oltre ai cuscini procurati degli oggetti; andrà bene qualsiasi oggetto che hai in casa. Utilizza questi oggetti come motivo di *tua* osservazione: tu diventi quell'oggetto e ti descrivi come se fossi quell'oggetto (dove sei, cosa provi, come sei fatta).

Durante l'osservazione con gli oggetti, scrivi sul tuo quaderno le parole chiave che ti hanno procurato una reazione emotiva forte. Lì, in quella frase, c'è un'informazione utile per te. Quando hai terminato l'esercizio, rifai il disegno a occhi chiusi e, a questo punto, puoi confrontarlo con quello eseguito prima di iniziare. *Ora che hai letto tutte le informazioni puoi iniziare l'esercizio.*

Testimonianza n. 2
Quella che segue è la testimonianza diretta di Angela, 42 anni.

«La prima volta che ho fatto questo esercizio con te, in consulenza individuale, non riuscivo nemmeno a capirlo, non avevo mai fatto niente del genere. Mi ricordo che l'esercizio su due delfini di legno non mi riusciva proprio di farlo, tanto meno come dicevi tu. Ho anche pensato: "Ma perché sono qui a fare 'ste cavolate?"

Alla fine, l'esercizio, che mi è costato fatica e non poche resistenze, non era poi tanto una cavolata; tante cose mi riguardavano, erano mie. Intanto pensavo che era effetto di autosuggestione ma, in fondo, dopo averti vista e fatto le esperienze con te, mi sentivo meglio, e quindi già andava bene così.

Il compito a casa che mi avevi dato era di entrare nelle emozioni; io non ci riuscivo e perciò il compito consisteva nel fare questo esercizio come lo avevo fatto insieme a te. Stendere il telo, fare le invocazioni e le intenzioni, prendere degli oggetti e fare l'esercizio... Io già di mio faccio fatica a vivere le emozioni, figuriamoci farle vedere a qualcuno. Già parlare con altre persone mi metteva a disagio, sudavo e diventavo un peperone, sin da piccola avevo questo disagio ricorrente, e questo esercizio mi toccava farlo a 42 anni.

Ogni volta sento la difficoltà a vedermi e parlare come fossi quell'oggetto, la cosa positiva è che mi prendo del tempo per me e che, poco o tanto, qualcosa comincio a trasformare; in fondo quei 15 minuti tutti per me sono un vero regalo che mi faccio da quando non sto bene.

Un giorno, con l'esercizio che ho fatto, è avvenuta una vera trasformazione. Avevo un'immagine del Cristo che mi piaceva proprio tanto e ho fatto l'esercizio con quell'immagine. La cosa bella è stata che "mi sentivo quell'immagine", o meglio, cosa rappresentava quell'immagine. La guarigione, che era il mio desiderio, era amore, comunicazione, era un'immagine piacevole. Era un posto dove vivere, un posto fatto di accoglienza di luce, calore. Mi sono sentita come una guerriera intrepida, una donna solare, e questo mentre descrivevo una cartolina che tenevo in mano.

Lo so che sembra impossibile, ma è accaduto, e io sentivo che tutta quella parte confusa di me non solo non era più così confusa, ma era nella luce. Non riesco a esprimere meglio quell'esperienza, quelle sensazioni, è stato davvero un Esperienziale, come lo definisci tu, è stato davvero un con-tatto con me stessa, con quell'energia e con quell'immagine. La sensazione è stata che mi sono sentita da Dio! Grazie MR».

Per il vissuto personale di Angela, e per la sua malattia in corso all'epoca, quest'esperienza è stata il regalo più grande per lei, poiché ha fatto pace con la paura della morte. Lo scopo degli esercizi nel campo quantico è permetterti di trasformare le energie bloccate dalla paura. Essere vulnerabili, o non sentirsi all'altezza delle situazioni o delle persone, comporta perdita di potere.

Se trasformi la vibrazione della paura in quella dell'amore, allora potrai vivere pienamente il tuo potere autentico, in quanto l'amore è l'energia dell'*anima*, l'amore è una forza attiva.

Questo è il disegno fatto a occhi chiusi nel 2000, con le annotazioni. Confrontandolo con il primo, le differenze sono evidenti.

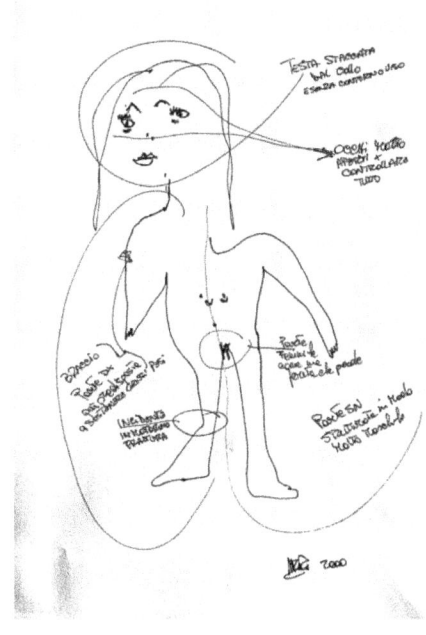

RIEPILOGO DEL CAPITOLO 2:

- SEGRETO n. 1: sapere cos'è e come funziona il campo quantico è importante per fare esperienza diretta di con-tatto con le tue emozioni.
- SEGRETO n. 2: l'occasione del campo quantico, lo spazio e l'emozione del momento.
- SEGRETO n. 3: come creare il tuo campo e programmarlo: entrare nel campo e sperimentare le tue emozioni, le tue sensazioni.
- SEGRETO n. 4: nel tuo campo il problema è l'evento da osservare: tu sei l'osservatore e il problema è ciò che hai da osservare.
- SEGRETO n. 5: esercizio di con-tatto con il campo quantico, con tutte le sue varianti, e testimonianza della potenza di un campo quantico.

Capitolo 3:
Come trovare il tuo ritmo di respiro

Il respiro della connessione nasce dalla consapevolezza che respirando siamo nella presenza del "qui e ora", connessi con il nostro corpo fisico, emotivo e soprattutto spirituale (anima). Nella Bibbia (il libro più venduto al mondo) c'è scritto: «Dio formò l'uomo dal fango della terra, gli insufflò nelle narici un alito di vita e l'uomo divenne anima vivente». Il respiro di Dio è il nostro respiro!

Il respiro della connessione è il tuo primo con-tatto con questa vita, con il tuo respiro, con il tuo ritmo. Nasciamo e il nostro primo respiro ci permette di entrare in questo tempo, mondo, vibrazione, mentre con l'esalazione dell'ultimo respiro lasciamo questo tempo, spazio, mondo.

Il respiro è un con-tatto continuo con se stessi. L'atto di respirare è un con-tatto continuo tra il mondo esterno e il tuo mondo interiore; infatti inspiri l'aria dall'esterno e i tuoi polmoni hanno la funzione di ossigenare il sangue tramite lo scambio tra l'anidride carbonica e l'ossigeno.

Il respiro quindi è molto importante e, in base a come respiri, puoi iniziare a comprendere che tipo di emozioni stai vivendo. Attraverso l'atto della respirazione i tuoi organi interni ricevono costantemente un micro massaggio, un con-tatto meccanico che produce notevoli risultati. Rimanere presente a te stessa ti permette di notare com'è il tuo respiro, se è naturale o faticoso. Il primo vero con-tatto è il respiro della connessione e ti porta a una consapevolezza maggiore, aiuta il tuo corpo a entrare in un benessere psicofisico, ti aiuta a focalizzare gli obiettivi e a connetterti alla tua anima.

Ricordo ancora la mia primissima sessione di respiro: ho passato 45 minuti in tetania, una contrazione forzata involontaria dei muscoli. Ricordo bene che il ritmo di respirazione di quella tecnica, per me, era forzato. Non era il mio ritmo e, più tentavo di controllare il respiro, più la tetania aumentava. Malgrado le istruzioni del facilitatore che mi invitava a rilassare l'espirazione, il mio cervello continuava a controllare. Il mio pensiero era "non tornerò come prima" e con questo pensiero, ovviamente, la tetania aumentava invece di diminuire. E più aumentava, più mi spaventavo: era un circolo vizioso.

Finita la sessione, quando tutto era tornato alla normalità, la sensazione di benessere era diffusa ovunque e avevo acquisito la consapevolezza di aver toccato una dimensione diversa da quella che conoscevo. La mia domanda a fine sessione era stata: «Ma se una sessione di respiro procura una tetania che nemmeno con l'attività fisica ho mai avuto, cosa può esserci davvero dietro al mio respiro?»

Così è iniziata la voglia di conoscere, di sperimentare il respiro, e quando finalmente ho trovato il mio ritmo di respiro, fluido e dolce, non ho più avuto tetania. Con il tempo la mia modalità di respiro è cambiata e ho trovato il mio ritmo dolce e delicato, un ritmo di connessione.

La conoscenza è la chiave del cambiamento. Conoscere come funziona il respiro (trovi la spiegazione nel prossimo segreto) è importante per poter cambiare, sostituire, migliorare e liberare le energie che si sono bloccate nel tuo corpo attraverso emozioni di cui non sei consapevole. Il respiro è importante per poter poi modificare i blocchi respiratori ed energetici, per liberare l'energia e vivere pienamente la tua vita, per raggiungere i tuoi obiettivi.

Il respiro della connessione che ti propongo in questo libro è un metodo di integrazione da usare dopo aver lavorato nel campo quantico per trasformare i blocchi energetici. Intanto cominciamo a trovare il tuo ritmo di respiro.

Mettiti in una posizione comoda, chiudi gli occhi e lascia fluire il tuo pensiero; per qualche minuto fai solo questo, poi porta l'attenzione al tuo corpo: è rigido o rilassato? Prendi nota. Prosegui con il portare l'attenzione a un problema che hai in questo periodo, presta attenzione a come quel pensiero fa reagire immediatamente il tuo corpo. Prendi solo nota di come il pensiero sia strettamente collegato a una reazione del corpo, resta presente al momento e viviti il "qui e ora".

Hai notato se nel pensare al problema il respiro è cambiato? Si è bloccato o è rimasto uguale a prima? Sei riuscita a percepire le sensazioni? Sei riuscita a vivere facilmente l'esperienza, oppure eri così intenta a fare bene l'esercizio che non ti sei goduta il respiro? Sono per caso venuti fuori giudizi su come avresti potuto fare meglio? Oppure il dubbio di non aver fatto bene l'esercizio?

Sappi che se non ti sei goduta l'esperienza e sono partiti i giudizi di fondo, si sono mosse emozioni inconsce. Emozioni e respiro sono strettamente collegati tra loro: il respiro è fluido e cambia, si blocca o si modifica in base alle emozioni. Con questa consapevolezza, prova a fare qualche minuto di respiro, senza pensare a come farlo, ma rimanendo concentrata solo sulla consapevolezza del respiro.

Saper usare bene il proprio sistema respiratorio porta grandi benefici fisici, mentali e spirituali (qualsiasi cosa voglia dire per te "spirituale"). Lo scopo di questo capitolo è portarti a conoscenza, attraverso semplici esercizi, del *tuo ritmo respiratorio* e di come liberare la tua energia bloccata.

Il mio obiettivo è accompagnarti a entrare in con-tatto con il tuo respiro per trovare il *tuo* ritmo, un ritmo uguale alla vita. La simbologia del ritmo di respiro ti permette di scoprire se sei in armonia con la vita o se, al contrario, tutto ti appare faticoso o insufficiente. Il con-tatto con il respiro è strettamente correlato all'ordine naturale della vita. Se tutto è ritmico, naturale e facile, allora tutto è in ritmo con la vita, con naturalezza e facilità.

Trovare delle disarmonie nel tuo respiro ti aiuta a trovare ciò che si è bloccato e modificarlo, sfruttandolo a tuo beneficio e vantaggio. In questo viaggio voglio guidarti attraverso l'esperienza di quegli esercizi che con me hanno funzionato, affinché tu possa conoscere e sfruttare al meglio il sistema che hai in dotazione sin dalla nascita.

Ognuno ha il suo ritmo "comodo", che è diverso da quello di chiunque altro, come tutte le caratteristiche che fanno di ogni essere umano una persona unica. In questo viaggio ti accompagnerò mentre impari a utilizzare coscientemente il tuo ritmo di respiro allo scopo di ottenere un miglioramento della tua vita.

SEGRETO n. 1: conoscere come funziona il sistema respiratorio ti permette di trovare il tuo *ritmo* di respiro.

Diamo insieme una rapida occhiata al funzionamento dell'apparato respiratorio per comprendere l'importanza del tuo respiro a vari livelli. Più sei consapevole di come respiri e come funziona il tuo corpo rieducando il tuo respiro, più sei in grado di respirare in modo corretto, per soddisfare le tue necessità.

L'apparato respiratorio svolge una funzione vitale a vantaggio di tutto l'organismo permettendo:

- l'introduzione dell'ossigeno contenuto nell'aria che respiri (inspirazione);
- lo scambio di gas a livello degli alveoli polmonari;
- l'espulsione dell'anidride carbonica (espirazione).

L'ossigeno rappresenta un elemento fondamentale per le funzioni metaboliche del tuo corpo. È il combustibile necessario affinché si possano svolgere moltissime attività di riduzione, trasformazione e costruzione delle sostanze plastiche di tutte le cellule del tuo corpo (sono definite plastiche in quanto costruiscono, ricostruiscono e riciclano le sostanze necessarie alle cellule del tuo corpo).

La respirazione consiste essenzialmente nell'assorbimento dell'ossigeno e nell'eliminazione di anidride carbonica e comporta tre processi di scambi gassosi:

- *Primo processo*: respirazione esterna, tra l'aria atmosferica e l'aria contenuta nell'apparato respiratorio.
- *Secondo processo*: respirazione interna che avviene nelle cellule.
- *Terzo processo*: funzione respiratoria nel sangue, rappresentata dagli scambi gassosi che avvengono tra sangue e aria alveolare da un lato, sangue e gas contenuti nei tessuti dall'altro.

Pertanto i gas respiratori devono attraversare diversi settori, l'ossigeno in una direzione e l'anidride carbonica in direzione opposta, come puoi vedere nella tabella che segue.

Percorso ossigeno	Percorso Anidride carbonica
Alveolo	Cellula
Membrana alveolo-capillare	Membrana cellulare
Sangue	Spazio intercellulare
Parete capillare sanguigno	Parete del capillare sanguigno
Spazio intercellulare	Sangue
Membrana cellulare	Membrana alveolo-capillare
Cellula	Alveolo

La protagonista di questo trasporto è l'emoglobina che, di fatto, svolge la funzione di trasportare l'ossigeno dai tuoi polmoni ai tessuti e l'anidride carbonica ai tuoi polmoni.

Respirare inoltre è importante affinché vengano rilasciate le tossine che accumuli. Il movimento del respiro che effettua un continuo micromassaggio serve a mantenere tonificati i tuoi organi interni.

SEGRETO n. 2: portare attenzione al respiro e alla sua simbologia per poter proseguire con il viaggio esperienziale.

Respirare, oltre a mantenerti viva, ti permette di mantenere il con-tatto con la consapevolezza; presta attenzione al fatto che il respiro ti mette in con-tatto con il mondo esterno, con le tue emozioni, con la parte più profonda di te stessa, con la parte più elevata e con tutto quello che esiste. Respirare in modo presente ti porta a una consapevolezza maggiore, il respiro aiuta il tuo corpo a entrare in un ben-essere psicofisico e a connetterti alla parte più evoluta di te.

Essendo un percorso esperienziale, ti propongo un'esperienza con il tuo respiro. Fatti guidare dal *tuo* respiro, trova una posizione comoda per te e inizia a respirare secondo le tue modalità. Trova il tuo ritmo respiratorio, inspira ed espira; cerca di non intervenire e di non perdere il tuo ritmo respiratorio, presta solo attenzione a come ti senti nel fare questo.

Porta la tua attenzione a *come* respiri, poi *in quale* parte respiri: se nella zona alta, cassa toracica, o nella zona in basso, addome, oppure zona stomaco. Concediti qualche minuto di respiro tenendo una mano sul cuore e una sulla pancia, così ti riesce meglio capire dove stai respirando. Osserva inoltre se il tuo modo di respirare è abbondante o se è limitato. Nota se è un respiro ampio o, al contrario, se è scarso.

Se mentre respiri passano pensieri, osservali soltanto e continua a respirare. Il tuo corpo ha delle reazioni? Presta attenzione solo a quali reazioni sono, ma non soffermarti, e continua a respirare. Respira con dolcezza, resta nel tuo respiro, resta in con-tatto con te stessa, fai l'esperienza del tuo respiro, lascia fluire il tutto.

Inspira ed espira, porta attenzione alla tua espirazione e nota se esce in modo facile o se la controlli soffiandola. Ricorda di non intervenire sul tuo respiro, presta solo attenzione a come respiri. Adesso stiamo solo trovando il tuo ritmo, nel capitolo successivo useremo il respiro della connessione insieme alla danza.

Concentrati a osservare se il tuo respiro al momento è un respiro dolce o affannoso e se ti riesce di farlo agevolmente oppure se hai qualche difficoltà. Prendi solo consapevolezza di come respiri per poter trovare il tuo ritmo. Il ritmo naturale è: inspiro ed espiro comodamente, con facilità, con il diaframma.

SEGRETO n. 3: indicazioni generali da utilizzare come mappa per comprendere la connessione del tuo respiro con i blocchi energetici del tuo corpo.

Tenendo presente che mentre respiri stai lavorando anche con la simbologia del respiro, lavora con la consapevolezza che stai attivando una riprogrammazione funzionale, oltre che del sistema respiratorio, anche del tuo inconscio e del tuo livello mentale.

- Inspirare rappresenta, in modo simbolico, l'accettazione della vita (ossigeno-inspirazione) e la quantità e qualità di nutrimento benefico che immetti all'interno di te.
- Espirare rappresenta il rilascio di tutto ciò che non è più utile (espirazione-anidride carbonica). Trattenere le situazioni non più utili, oltre a essere dannoso per la tua salute, simbolicamente significa che si trattiene ciò che non è vita (morte).
- Respirare in modo faticoso ha simbolicamente a che fare con il vivere in modo faticoso la vita o le situazioni, perché la respirazione non è più naturale e fluida come la vita.
- Se l'espirazione è controllata e non naturale, la sua simbologia è il voler controllare il risultato, sia sul lavoro sia nella vita

privata, trattenere le negatività, controllare le emozioni bloccandole.

- Un respiro abbondante o scarso è in relazione con prendere l'abbondanza dalla vita oppure accontentarsi anche di poco.
- Bloccare il respiro nella zona alta (Chakra del cuore) è correlato a un proteggersi per non essere feriti nei sentimenti.
- Non respirare con la zona bassa (2° Chakra) è correlato al non radicamento nelle questioni quotidiane. La zona bassa è la zona del potere personale, della nascita di progetti e obiettivi, della presenza.

Respirare correttamente ti permette di mantenere il tuo corpo in perfetta armonia e salute, di avere pensieri gioiosi e positivi e di vedere le cose da una prospettiva più elevata. Nella mia esperienza ho potuto riscontrare che respirare trovando il mio ritmo, un ritmo comodo e facile per me, oltre a portare benefici al mio corpo aveva cambiato la frequenza dei miei pensieri aiutandomi a trovare la mia via "spirituale".

Quando il respiro è facile, comodo e fluido, il rapporto con le emozioni e con la vita sono comodi e fluidi. Diversamente, se il respiro è controllato, puoi riscontrare la difficoltà nel vivere le situazioni, le emozioni, la vita quotidiana in modo facile, e tutto può diventare faticoso.

Per trovare il proprio ritmo di respiro della connessione è necessario respirare in modo continuo senza pause, senza controllare l'espirazione. Inspirare, espirare. Il diaframma gioca un ruolo importantissimo nel respiro. In base al risultato che si vuole ottenere, si usa il controllo del diaframma. Per esempio, se vuoi cantare bene, userai il controllo del tuo diaframma per avere un ottimo risultato.

In questo caso, per trovare il ritmo di respiro della connessione non è previsto il controllo del diaframma, bensì bisogna lasciare che agisca correttamente per come è fatto. Il diaframma è un muscolo a forma di cupola posto sotto i polmoni e separa la cavità toracica da quella addominale; si contrae durante l'inspirazione e si rilascia durante l'espirazione. Per comprendere in modo semplice il funzionamento del diaframma, osserva la tua pancia che si alza mentre inspiri e si abbassa mentre espiri.

Nel momento in cui inspiri il tuo diaframma, oltre a contrarsi, si appiattisce e si abbassa (la tua pancia si alza perché deve fare spazio agli altri organi che vengono spinti dal diaframma) e, quando lasci andare l'espirazione, il diaframma ritorna al suo posto in modo meccanico (la pancia si abbassa poiché tutto ritorna al suo posto originario). Immagina di avere in mano una molla: se la tiri, la molla si allunga, se la lasci andare, torna alla sua forma originaria.

Durante le sedute individuali di respiro che conduco, mi capita spesso di riscontrare che le persone parlano velocemente e spesso non riescono a finire la frase perché restano senza respiro, in quanto la riserva d'aria è terminata lungo il discorso. Quindi non usano un respiro diaframmatico.

È stata anche una mia modalità e a volte mi capita ancora di non usare il respiro diaframmatico; in quel caso cerco immediatamente di capire cosa ha tolto equilibrio al mio respiro e lo ripristino all'istante, riprendendo il respiro corretto.

SEGRETO n. 4: esercizio del con-tatto con il respiro: usa la

tua modalità e il tuo ritmo per fare la sessione di respiro della connessione.

Ci sono varie tecniche di respiro: lungo e profondo, corto e superficiale, breve e veloce, e ogni tecnica ha una funzionalità per problematiche diverse. Essere in con-tatto con te stessa attraverso il respiro della connessione ti permette di capire immediatamente cosa provi, cosa stai pensando e come stai vivendo, che tipo di emozione predomina al momento. Ti permette inoltre di cambiare le tue credenze limitanti.

Il mio obiettivo è passarti la mia esperienza e ciò che ha funzionato per me, il tuo obiettivo, invece, potrebbe essere prendere ciò che è più comodo per te di tutto quello che ti propongo e trovare la tua modalità per modificare i tuoi blocchi energetici. Prepara tutto quello che ti occorre per fare la tua prima sessione di respiro. Cerca di rimanere presente e attenta alla modalità di respiro, alle reazioni che si presentano nel tuo corpo fisico, a che tipo di emozioni si presentano durante il respiro e se queste procurano blocchi o passano tranquillamente.

Terzo esercizio di Con-Tatto Esperienziale
Leggi prima tutte le istruzioni e poi inizia il tuo esercizio. Scegli la musica che ti accompagnerà durante tutto il tempo della tua sessione e inizia con l'esercizio del disegno "chiudi gli occhi e disegnati" con i tuoi fogli A4. Prepara inoltre un blocco o diario per trascrivere, a fine sessione di respiro, qualsiasi informazione ti arrivi durante il tempo che hai respirato.

Annota mentalmente ciò che avverti come modalità e reazioni poi, finito l'esercizio, oltre a fare il disegno puoi trascrivere tutto annotando le sensazioni che hai provato durante la tua auto-sessione. Ricordati di non guardare il disegno sino al momento in cui lo confronterai con quello che farai alla fine della tua sessione di respiro.

Fai partire la musica, prepara dei cuscini da mettere dietro alla schiena per mantenere il busto leggermente sollevato in una posizione comoda per te (semisdraiata) e inizia con il respirare facendo entrare e uscire l'aria solo dalla bocca. Apri la bocca in modo ampio e inspira ed espira cercando di trovare il tuo ritmo.

Senti se la posizione e il ritmo sono adeguati per te e respira per qualche minuto. Poi prova la posizione da seduta, purché sia una posizione comoda (con la schiena appoggiata, dritta e possibilmente aderente a dei cuscini) e continua a respirare, inspirando ed espirando, sempre cercando il tuo ritmo. Poi scegli, tra quella seduta e quella semisdraiata, la posizione più comoda per te per respirare.

Adesso ti propongo di respirare con il naso. L'aria entra ed esce dal naso. Cerca il tuo ritmo mantenendo la posizione (semisdraiata o seduta) che hai trovato più comoda per te per respirare, e inspira ed espira. Quando hai trovato il tuo ritmo e la tua posizione, respira per almeno 15 minuti.

Ora che hai letto tutte le informazioni puoi iniziare l'esercizio.

Il respiro è la tecnica che userai dopo il lavoro del campo quantico sul telo e dopo aver osservato le tue emozioni. Seguire il tuo ritmo di respiro ti permette di fare pace con le emozioni emerse durante il campo quantico, ti concede quella sensazione di connessione con la tua anima, per poi poter proseguire con la parte finale di questo viaggio, la danza. Finora abbiamo visto insieme le varie tecniche, una per ogni capitolo. Il metodo completo del respiro della connessione con la danza dei 5 teli (Khandrò Breath, K.B.) dentro il campo quantico la trovi nel capitolo successivo.

SEGRETO n. 5: andare oltre i propri limiti e paure e sostituirli con il coraggio per trovare la propria strada.

Testimonianza n. 3
Quella che segue è la testimonianza diretta di Flavia, 56 anni (Monza).

«Ricordo la prima volta che ti ho vista, volevo essere così, come te, e quando pensavo di esserci arrivata, la vita mi metteva davanti un'altra sfida da superare. Sono passati anni da quella prima volta in cui ho sperimentato un respiro diverso da quello che conoscevo prima. Poi hai proposto un percorso che sarebbe durato un anno, almeno così pensavo, invece è ancora in pieno divenire.

Con te ho respirato nei prati verdi di un'antica villa nel cuore della Brianza, e abbiamo giocato a bandiera con il mio reggiseno taglia da super maggiorata ridendo a crepapelle. Ti eri appena rimessa in piedi dopo la tua malattia. Con te ho respirato nelle acque "gelide" del mar Ligure a Laigueglia, ma gelide erano solo le mie paure più profonde, perché l'acqua aveva una temperatura di 24 gradi.

Con te ho respirato nell'incantevole scenario delle terme di Saturnia e qui l'acqua era calda e accogliente come il grembo di una madre. Ho sperimentato la rinascita a nuova vita come un diamante grezzo che viene liberato dalla terra da un abile artista. Da qui la mia consapevolezza è diventata sempre più cosciente. Smettevo di essere in balia di situazioni e persone e iniziavo a essere la responsabile di ciò che ero.

Per molto tempo mi sono ripetuta che forse era meglio essere irresponsabile e dare la colpa agli altri e al destino della mia vita, sicuramente era molto più comodo e facile. Ricordo la me stessa di allora, così impacciata nel muoversi, così rigida, inadeguata, che portava sulle spalle tutto il dolore di una vita passata, e tu che come insegnante mi "obbligavi" a respirare e a muovermi al ritmo della musica. Attraverso il respiro mi portavi indietro nel passato e mi facevi guardare in faccia i miei mostri, ma con estrema gentilezza e tenerezza, e mi riportavi al presente con una consapevolezza nuova e un profondo amore per me stessa.

Ho camminato con te per un pezzo della mia vita, ho costellato, respirato, danzato e amato, ho guarito le mie antiche ferite e accetto quelle nuove con grazia. Sono ancora in formazione, una bellissima formazione; per una che si muoveva come uno stoccafisso, diventare insegnante di biodanza ha dell'incredibile, ma penso che tutto ciò che ho vissuto e sperimentato con te mi abbia portato a questo. Volteggiare libera e felice al ritmo della musica è il più bel regalo che tu mi abbia fatto.

Chi come me ha sperimentato e vissuto formazioni personali e professionali diverse può dire con sicurezza che tu fai la differenza: respirare, costellare e danzare con te, nutre e ti alleggerisce il cuore. Con tutto il mio cuore, Flavia Degan, donna, mamma e nonna».

Questo è il terzo disegno, fatto nel 2005. Confrontalo con i due precedenti per vedere come i lavori miglioravano la visione nell'inconscio.

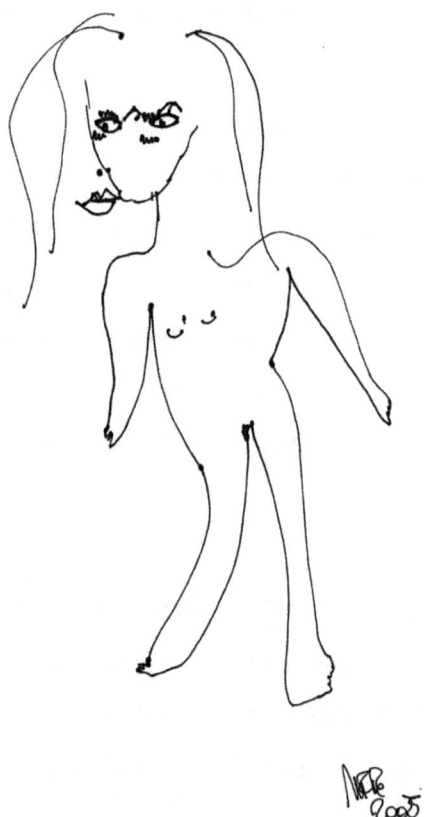

RIEPILOGO DEL CAPITOLO 3:

- SEGRETO n. 1: conoscere come funziona il sistema respiratorio ti permette di ritrovare il tuo *ritmo* di respiro.
- SEGRETO n. 2: portare attenzione al respiro e alla sua simbologia per poter proseguire con il viaggio esperienziale.
- SEGRETO n. 3: indicazioni generali da utilizzare come mappa per comprendere la connessione del tuo respiro con i blocchi energetici del tuo corpo.
- SEGRETO n. 4: esercizio del con-tatto con il respiro: usa la tua modalità e il tuo ritmo per fare la sessione di respiro della connessione.
- SEGRETO n. 5: andare oltre i propri limiti e paure e sostituirli con il coraggio per trovare la propria strada.

Capitolo 4:
Come usare il respiro e la danza dei 5 teli

Prima di ammalarmi, il mio lavoro era l'estetista, ed ero anche consulente per conto di aziende estetiche. Formavo e organizzavo il lavoro presso degli istituiti per conto dell'azienda e inoltre collaboravo con centri estetici a livello privato. Ero sempre alla ricerca di qualcosa di nuovo e questa ricerca mi ha portata nello Sri Lanka, per un mese, nel gennaio 2003 (ospite a casa del mio amico Piero Crida) e per un altro mese nel gennaio 2004.

Il 2005 fu l'inizio di un nuovo cambiamento. Da estetista sarei passata a diventare Operatore Olistico Trainer e a ideare un mio metodo di lavoro. Nel luglio 2005 andai a letto la sera e il mattino seguente non riuscii più ad alzarmi. Sette mesi prima si erano cominciate a manifestare delle macchie sulla mia pelle. All'epoca avevo girato ben tre diverse cliniche facendo visite private per sentirmi dire che si trattava di macchie emotive.

Purtroppo era un'allergia al nichel che non era stata presa nemmeno in considerazione. Dopo 7 mesi in cui ho continuato a mangiare cibi contenenti nichel (all'epoca ero vegetariana), a lavorare con prodotti estetici contenenti alte concentrazioni di nichel e a dormire in un letto di ottone, la semplice allergia aveva prodotto dei tagli profondi sulla mia pelle.

Il nichel (un metallo pesante che *non* si elimina) era arrivato a livelli così elevati che la definirono al pari di "un avvelenamento". Ricoverata d'urgenza, fui curata con impacchi di cortisone e cortisone in pastiglie. Furono due anni impegnativi, senza la possibilità di uscire di casa (ero cosparsa di cortisone, fasciata con garze di cotone e sembravo una mummia), non poter più lavorare, cambiare alimentazione da vegetariana a carnivora (quasi tutte le verdure contengono nichel), chiudere l'attività di estetista. La depressione era iniziata.

Per un po' mi sono adagiata sul pensiero "la mia vita è finita", ma quella situazione era così pesante che *dovevo* fare qualcosa. In fondo il *Creatore* mi ha sempre amata, quindi anche questa situazione doveva avere un significato più elevato. E allora, dopo quel periodo di malessere così prolungato, e visto che tanto non potevo uscire di casa, è arrivata l'intuizione: "sentire" che, invece di deprimermi, crogiolandomi nel malessere e concentrare l'attenzione su cosa non funzionava, potevo fare qualcosa per uscire da quella situazione.

In fondo avevo tutti gli strumenti a mia disposizione, conoscevo il massaggio, il pensiero creativo, il respiro, il "teatrino" del campo quantico. Non mi potevo massaggiare, non potevo usare su di me la tecnica di massaggio con i 7 teli, ma almeno potevo usare la tecnica dei teli con il respiro. Ed è così che ho iniziato a trasformare una tecnica di massaggio in una tecnica di lavoro olistico.

SEGRETO n. 1: cogliere l'opportunità di osare e trasformare qualcosa che conosci in qualcosa di nuovo che sia funzionale.

Inizialmente il massaggio era un modo di vivere la vita attraverso le emozioni che arrivavano dal contatto con le clienti. Mi serviva però qualcosa da usare come "barriera invisibile" per poter entrare in contatto, nel massaggio, con il sesso maschile. Il viaggio nello

Sri Lanka mi ha fatto scoprire questi teli colorati di cotone leggerissimo che, appesi alle finestre di casa del mio caro amico come tende, danzavano in modo meraviglioso.

Mettere insieme il massaggio che conoscevo e l'accarezzare il campo aureo con questi teli colorati mi ha dato l'opportunità di entrare in con-tatto anche con i clienti di sesso maschile. La tecnica del massaggio con i teli colorati dei 7 Chakra consisteva, come prima fase, nel far scegliere a occhi chiusi quale telo colorato in quel momento attraeva il cliente; poi, prima di iniziare il massaggio, il suo campo aureo veniva accarezzato con un telo del colore scelto.

Il massaggio si suddivideva in quattro parti e, se i colori dei Chakra erano quelli bassi (rosso o arancio), si proseguiva con un massaggio energico che lavorasse principalmente sulle articolazioni e sulla muscolatura. Se i colori scelti erano invece quelli dei Chakra centrali (arancio o giallo), il massaggio era principalmente concentrato sull'addome, per poi proseguire facendo scorrere nuovamente l'energia lungo i meridiani dei circoli funzionali (rene-vescica, fegato...). Se i colori scelti erano dei Chakra superiori (verde, rosa o azzurro), il massaggio era principalmente concentrato sulla schiena per sbloccare l'energia delle memorie di vite precedenti o delle vite parallele. Se, infine, i colori scelti erano abbinati ai Chakra alti (indaco, violetto o bianco) allora il massaggio era sui corpi sottili. Capitava a volte che i colori scelti erano di un Chakra basso e di uno alto e allora si abbinavano le tecniche.

La funzionalità del massaggio era liberare le energie bloccate del corpo legate alle emozioni. Accompagnare la persona a sperimentare la connessione con il corpo, la mente e le emozioni aveva come scopo finale quello di portarla alla connessione con il cosmo, in un'unica esplosione di gioia nel riconoscere la meraviglia della vita, attraverso un contatto delicato fatto di gentilezza e amorevolezza.

Non potevo massaggiarmi da sola durante la malattia. Andare da una collega era impensabile per me, viste le macchie sulla pelle. Allora ho iniziato a usare i teli colorati che passavo sul campo aureo; i brividi erano ogni volta intensi e, in base al colore che sceglievo (sempre a occhi chiusi), le risposte erano diverse. È così che ho iniziato a sperimentare su me stessa quello che sarebbe diventato il mio metodo (Mia Tita K.B.).

SEGRETO n. 2: simbologie legate ai 5 teli colorati per iniziare a sperimentare una nuova vibrazione energetica.

Il mio viaggio di trasformazione è proseguito usando i teli colorati insieme al respiro, per terminare con la danza. Per ogni telo colorato facevo un'esperienza fortissima, perciò ho messo insieme tutte le informazioni che avevo: il respiro, i teli e la danza.

Iniziavo con lo stendere il telo del campo quantico e lo programmavo. Salivo sul campo con il telo colorato che avevo precedentemente scelto (sempre a occhi chiusi) e iniziavo a lavorare sull'emozione in base al colore scelto (troverai la spiegazione più avanti). Trascrivevo tutte le reazioni e, nel rileggerle, trovavo le parole chiave che mi permettevano di capire dov'era il blocco. Respiravo dentro quell'emozione, trovata attraverso il telo colorato, e terminavo con la danza.

Da principio usavo i teli dei 7 Chakra, poi ho realizzato che i punti importanti erano solo 5 e mi sono ispirata ai colori delle bandierine tibetane (nel 2003 avevo fatto una formazione Tantrica Tibetana).

Questi teli colorati si chiamano Khandrò, sono di cotone leggerissimo e colorati con tinture naturali; li ho portati dallo Sri Lanka e me li faccio portare nel caso mi vengono richiesti. Per il momento tu puoi usare dei foulard che hai a casa, purché siano leggerissimi (tipo seta). In seguito, se vuoi, potrai organizzarti per avere i teli colorati in cotone.

Il telo giallo
Il telo giallo l'ho programmato per lavorare sull'emozione energetica della fragilità. L'energia bloccata (distorta) è inerente al pensiero di scarsità e povertà nei confronti della vita, che si manifesta con l'energia della prepotenza, mentre l'energia libera e fluida si manifesta come ricchezza inesauribile. Danzare con il telo giallo ti permette di sostituire la fragilità, la scarsità e la povertà con l'energia libera dell'abbondanza.

L'esperienza che ha ispirato l'abbinamento del telo giallo all'energia liberata dell'abbondanza, della ricchezza inesauribile, è il ricordo del grande nutrimento cosmico avvenuto quando ero piccola. Era fine giugno e i compagni estivi venivano a chiamarmi. Mi portavano in un luogo in mezzo alla natura, in mezzo a un prato; tutto intorno a noi c'erano fiori multicolori e dei cardi fioriti viola, alti fino al nostro bacino, formavano un cerchio intorno a noi.

C'erano farfalle multicolori che ci svolazzavano attorno, e noi attendavamo l'arrivo di una specie di api che, in dialetto, si chiamavano "bumbua" per estrarre direttamente il loro miele bianco. Bisognava scegliere quelle con la stellina gialla in mezzo alla fronte, perché non avevano il pungiglione. Lo spazio e il tempo smettevano di esistere, attendavamo il loro arrivo e poi, con delicatezza, mentre si nutrivano dal fiore, le prendevamo e toglievamo loro la parte finale del sedere; lì c'era una sacca con dentro il nettare di cui ci nutrivamo. Le indicazioni erano di togliere un pezzetto in particolare, che poi sarebbe loro ricresciuto, senza ucciderle.

Era un rituale di pochi minuti, ma ricordo ancora che tutto si fermava, tutto era in quell'istante, nell'attesa del loro arrivo e della cattura con estrema delicatezza; sento ancora il sapore di quel nettare mentre il ricordo mi riporta a quel preciso istante. Pochi minuti, e tutto terminava. Quando uno di noi veniva punto dal pungiglione era il segnale che l'esperienza del nutrimento era giunta al termine.

Il ricordo di quell'emozione, di quell'assenza di tempo e di spazio, di quel grande nutrimento cosmico, di quella perfezione dove ogni cosa era immensa, è rimasto sempre nel mio cuore. Oggi posso definirlo l'origine del mio metodo e dell'ispirazione per abbinare i teli colorati a simbologie. Questa esperienza ha ispirato l'abbinamento del telo giallo all'energia liberata dell'abbondanza, della ricchezza inesauribile, perché questo è il ricordo del mio grande nutrimento cosmico.

Il telo rosso
Il telo rosso l'ho programmato per lavorare sull'emozione energetica della solitudine. L'energia distorta, correlata a questo telo, si manifesta come energia dell'ossessione, dell'attaccamento

e del giudizio. Il suo libero manifestarsi è correlato al calore, alla passione, all'essere ispirati da un fuoco interiore.

Danzare con il telo rosso ti permette di sostituire l'energia dell'ossessione, del giudizio, e quindi della tua fragilità, con l'energia della passione e dell'ispirazione.

Il telo verde
Il telo verde lavora sull'emozione energetica dell'ansia e degli attacchi di panico. L'energia distorta correlata a questo telo è la paranoia. La sua manifestazione libera è correlata alla vibrazione energetica di una qualsiasi attività che si realizza automaticamente. Danzare con il telo verde ti permette di sostituire l'energia dell'ansia con l'autorealizzazione personale.

Il telo bianco
Il telo bianco l'ho programmato per lavorare sull'emozione energetica delle paure. La vibrazione distorta collegata a questo telo è inerente alla violenza e alla rabbia. L'energia liberata di questa vibrazione si manifesta come accettazione consapevole di quel che c'è. Danzare con il telo bianco ti permette di sostituire

l'energia della paura con la consapevolezza del vedere le cose da una prospettiva più ampia e chiara.

Il telo blu
Il telo blu l'ho programmato per lavorare sull'emozione energetica del sentirsi abbandonati o dispersi. La vibrazione distorta collegata a questo telo è inerente al rimanere fermi o alla depressione. L'energia liberata di questa vibrazione energetica si manifesta come intelligenza cosmica/divina.

Danzare con il telo blu ti permette di sostituire l'energia dell'immobilità con la vitalità. Questo è il telo più scelto (sempre a occhi chiusi) dalle persone che hanno subìto una perdita.

SEGRETO n. 3: la danza dei 5 teli come mezzo per poter trasformare i blocchi emozionali in energie libere.

Dopo aver lavorato sul telo per prendere con-tatto con le tue emozioni, attraverso la presenza in quello che provi, usato gli oggetti o uno dei teli colorati per capire qual è l'emozione o il blocco che devi trasformare e respirato con il tuo ritmo del respiro della connessione, termini con la danza della trasformazione: la danza dei 5 teli. La danza dei 5 teli è il ringraziamento alla vita, per quello che hai e per quello che sei!

Ciò che ha ispirato la danza come mezzo per trasformare le energie distorte in energie liberate è ancora una volta legato a qualcosa che appartiene alle mie radici: nasce dalla danza del coltello che si svolgeva alla festa del paese. La danza del coltello è una tarantella molto antica che veniva usata come metafora di combattimento durante le feste del paese, dove si appianavano le divergenze utilizzando la danza a ritmo di tarantella.

I coltelli (reali, che sparivano al passaggio dei carabinieri) venivano sostituiti dalle mani, e gli affondi fatti al ritmo dei passi della danza erano gli affondi virtuali del coltello. Da bambina ero affascinata da questi uomini che, tramite il ritmo e la musica, danzavano.

Danzare è un atto di trasformazione in cui puoi allontanarti dai movimenti ordinari quotidiani per entrare in uno spazio quantico sacro. L'assenza di tempo e spazio ti permettono di muoverti andando oltre i tuoi limiti, entrando in con-tatto profondo con la tua parte atavica. La danza è una forma di espressione artistica in cui il movimento del corpo è ispirato da un ritmo interno, aiutato dalla musica, che porta a galla emozioni da vivere o da trasformare. Inoltre, muovendosi il tuo corpo rilascia lo stress accumulato nelle tue articolazioni e nei tuoi muscoli.

La tecnica del respiro e della danza con i 5 teli mi ha permesso di uscire dalle dinamiche di solitudine, depressione, rabbia, abbandono e paura in cui ero entrata con la malattia. Danzare con i teli colorati ti permette di sentire la completa libertà. Nel danzare provi una sensazione di leggerezza, insieme al telo che si muove dolcemente; esso vola nello spazio, anche solo con un piccolo movimento, hai "un compagno leggero, presente anche se invisibile".

Quando senti che la danza è finalmente fluida, senza sforzo, significa che hai trasformato sensazioni, emozioni e stati d'animo pesanti in leggerezza, gioia, autorealizzazione. In fondo la danza è sempre stata una modalità di espressione, fin dall'antichità. Il tuo essere è una bellissima struttura brillante di energie in movimento che, con le giuste informazioni, vibra verso un movimento di autorealizzazione.

Dentro di te ci sono infinite possibilità per poterti aprire alle opportunità, ma è necessario che tu impari a entrare e uscire dalle emozioni e non a rimanerne prigioniera. Sperimentare le energie attraverso le emozioni in modo diretto, per poi lasciare libera quest'energia, ti porta a grandi risultati personali.

Finalmente tutto il lavoro diventa una modalità da utilizzare, a volte solo il respiro, altre volte il "teatrino" e il respiro, altre volte solo la danza e qualche altra volta ancora tutto il metodo insieme. In questa tecnica ci sono 3 tipi di danza per trasformare l'energia:

- La *danza madre terra-padre cielo* per far incontrare le 2 energie primarie. Durante la danza si usa il telo scelto (sempre a occhi chiusi) utilizzando il movimento che permette al telo di scendere dall'alto verso il basso, e viceversa, sino a incontrarsi nel centro del cuore e librarsi in un volo libero di gioia e gratitudine.
- La *danza rapita* consiste nel tuo danzare seguendo il ritmo della musica, tenendo il telo all'altezza degli occhi e

guardando attraverso di esso. Danzare guardando il mondo attraverso il telo è come entrare in una dinamica di meditazione attiva che, a volte, può portarti in luoghi lontani, a visioni o emozioni particolari.

- *La danza del con-tatto del risveglio della Kundalini* (nell'induismo è l'energia latente in ogni essere umano, sopita come un serpente avvolto su se stesso e localizzata alla base del primo Chakra) è usata principalmente per risvegliare la propria energia vitale. La danza del risveglio avviene principalmente con il movimento del bacino. La uso spesso nella danza tantrica per il risveglio del potere femminile.

Partendo da questa nuova consapevolezza e impegnandoti nella sperimentazione della danza dei 5 teli, manifesterai ogni giorno di più la tua energia libera e fluida. Anche nella danza, come nel respiro, hai un tuo ritmo. Danza come meglio ti senti comoda. In un primo momento, partendo da piccoli cambiamenti, muti la tua vibrazione energetica e, per effetto di attrazione, legata alle tue nuove preferenze, la tua energia comincia a dirigersi verso una nuova direzione: quella della gioia e dell'autorealizzazione.

SEGRETO n. 4: programmare i teli colorati per imprimere l'energia per ogni telo.

Stendi il tuo telo e programmalo dandogli il comando di quale dev'essere il suo compito. Per esempio "chiedo a questo telo di colore giallo di trasformare l'energia della fragilità, della povertà e della scarsità in energia libera dell'abbondanza e della ricchezza della vita".

Programma ogni telo colorato in base alla sua funzione, utilizzando la formula che ti ho appena spiegato come esempio. La programmazione dei teli avviene una sola volta, la prima, mentre le invocazioni le utilizzi ogni volta che lavori.

SEGRETO n. 5: esercizio di con-tatto completo per terminare con la danza gioiosa: un ringraziamento alla vita.

Eccoci al metodo completo. Per ogni capitolo hai trovato un esercizio che puoi utilizzare singolarmente (in base alle tue necessità o al tempo che hai a disposizione), ma puoi anche usare il metodo completo.

Quarto esercizio di Con-Tatto Esperienziale

Leggi bene tutte le istruzioni e poi fai il tuo esercizio. Prepara i soliti fogli A4 per fare l'esercizio "chiudi gli occhi e disegnati", il quaderno degli appunti, il tuo campo quantico (il telo colorato o bianco, grande quanto un lenzuolo singolo), uno dei 5 teli colorati (K.B. o foulard) che sceglierai sempre a occhi chiusi, cuscini e oggetti (così se ti servono li hai già pronti a tua disposizione).

Prepara la musica in modo da poterla ascoltare per tutta la durata dell'esercizio (fai una compilation di musiche che ti piacciono).

Per prima cosa fai partire la musica e, dopo esserti disegnata, stendi il "tuo campo quantico" e fai le invocazioni, sali sul campo, esponi il problema e resta in osservazione.

Se ti necessita, usa il telo colorato (K.B. o foulard) o l'oggetto che hai scelto precedentemente, per trovare il blocco emotivo. Rimanendo sempre sul tuo campo quantico, utilizza il tuo ritmo del respiro per accettare e integrare quanto emerso.

Dopo esserti concessa 15 minuti di respiro della connessione, in un respiro comodo dolce e fluido, ti alzi e inizi a danzare con il tuo telo colorato (K.B.).

Muoviti guardando attraverso il telo colorato. Fatti rapire dalla danza, lasciati andare al movimento libero e fluido e, continuando a respirare, entra in con-tatto con te, con lo spazio intorno a te, con il movimento, con la danza e con il telo, e danza con la vita.

Respira, ringrazia e danza.

Danza, respira e ringrazia.

Ringrazia, danza e respira.

Quello che segue, è l'ultimo dei quattro disegni ed è stato eseguito nel 2008. I cambiamenti a livello inconscio dal 1995 al 2008 sono evidenti!

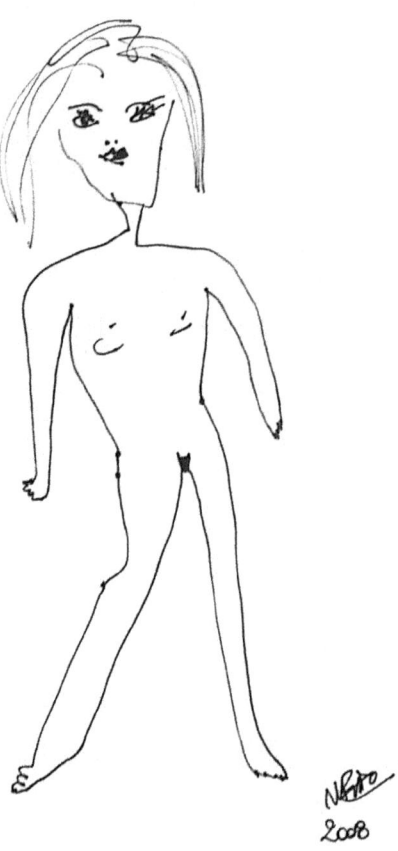

RIEPILOGO DEL CAPITOLO 4:

- SEGRETO n. 1: cogliere l'opportunità di osare e trasformare qualcosa che conosci in qualcosa di nuovo che sia funzionale.
- SEGRETO n. 2: simbologie legate ai 5 teli colorati per iniziare a sperimentare una nuova vibrazione energetica.
- SEGRETO n. 3: la danza dei 5 teli come mezzo per poter trasformare i blocchi emozionali in energie libere.
- SEGRETO n. 4: programmare i teli colorati per imprimere l'energia per ogni telo.
- SEGRETO n. 5: esercizio di con-tatto completo per terminare con la danza gioiosa: un ringraziamento alla vita.

Capitolo 5:
Con-Tatto Esperienziale con l'anima

Questo è un capitolo speciale. Un campo esperienziale importante come un con-tatto con l'anima può essere fatto solo con la supervisione dell'operatore – che sia in una sessione individuale o di gruppo – ed è ciò di cui mi occupo da anni e che nasce dall'esperienza che ti racconto.

Era il 1993 e il pensiero negativo su me stessa era il mio fedele compagno. Malgrado avessi aperto un'impresa da due anni, non mi sentivo a mio agio nella vita. Ero molto impegnata a lavorare, era un modo per non pensare, e quando scoprii di aspettare un bambino, non ne parlai a nessuno.

Un giorno, mentre lavoravo, "ho sentito una voce" e ho pensato davvero di essere impazzita: ero completamente sola dentro un ufficio di 50 mq! Quella voce era dentro il mio essere e diceva: «Scegli se vivere o morire, se scegli di vivere a scapito di un altro essere umano, non puoi mai più tornare indietro». Non sapevo nemmeno cosa volesse dire "a scapito".

Giulia non è mai nata e ancora oggi faccio fatica a riempire quel vuoto. Ricordo il mio risveglio in sala operatoria (dopo il raschiamento) dove, piangendo, dicevo: «Ridatemi mia figlia. Vi prego, ridatemi mia figlia». I giorni seguenti sono stati devastanti, nessuno sapeva di Giulia e non sapevo come dire che prima c'era un'anima e dopo non c'era più. È stato importante darle un nome, un nome che è arrivato subito, ancor prima di sapere dell'esistenza di quell'anima dentro di me.

Le parole rimbombavano dentro la mia testa, non riuscivo ad andare avanti e così ho venduto la casa, mi sono trasferita in campagna, ho chiuso l'azienda, sono andata a lavorare per una società di cosmesi e mi sono iscritta alla scuola di estetista. Quello è stato l'inizio di ciò che sono oggi. Quell'anima mai nata in questo spazio mi ha guidata fino a oggi. Sono passati 24 anni e il danno materiale (a scapito) della non nascita ha prodotto una spinta a cambiare vita e ad andare avanti sempre e comunque.

I miei ricordi di bambina della felicità assoluta in Calabria nei mesi estivi con mia nonna materna Antonietta (che erano impressi nelle mie cellule) credo che siano stati la spinta verso un vero cambiamento.

CON-TATTO ANIMA n. 1: onorare un'anima *mai* nata con qualcosa di utile.

Io ho onorato quell'anima mai nata e continuo a onorarla attraverso il sostegno e l'aiuto alle donne che hanno vissuto la mia stessa esperienza di perdita. Ho fatto di quest'esperienza un nuovo stile di vita, fatto di coincidenze, di con-tatti speciali, di vibrazioni che nutrono l'anima e il corpo, con emozioni forti e straordinarie.

Sono sempre stata una calamita per le persone che, infatti, quando mi sono davanti mi raccontano la loro vita (anche al supermercato) senza che io chieda nulla. La mia attenzione – da sempre, ma adesso anche come Operatore Olistico Trainer – nell'ascoltare i loro racconti mi portava a comprendere quale fosse la chiave per dare loro un nuovo punto di vista, una risposta, o una strada che li aiutasse a risolvere i loro problemi. Inoltre ho sempre avuto una predisposizione per le persone più fragili e, infatti, quando entravo in con-tatto con loro attraverso il tocco delle mie mani, quelle persone provavano immediatamente benefici e serenità; ed è ancora così.

È stato un lungo viaggio, non sempre facile ma sicuramente ha arricchito me e le persone con cui sono entrata in con-tatto. È stato un viaggio alla scoperta di me stessa: ho pianto tanto, mi sono disperata, ma alla fine ne ho tratto qualcosa di buono e utile. Sono fiera di essere riuscita a trasformare le cose negative di cui ho fatto esperienza durante la mia vita.

Il risultato di quello che sono oggi lo devo al mio ricercare il perché delle cose che mi accadono per trovare una lettura più profonda e al mio non accontentarmi della sofferenza. Comprendere che siamo nati per fare esperienza, per imparare, per evolvere, per migliorarci, per contribuire a un mondo migliore e per essere felici mi ha spinto a trovare modalità utili per aiutare e sostenere altre persone.

Questo libro si basa sul con-tatto sperimentato direttamente sulla mia pelle per anni, su modalità e applicazioni che hanno fatto la differenza tra vivere e morire. Si può morire ogni giorno lentamente, mentre il dolore di qualcosa che non riesci a trasformare ti annienta.

Ciò che ho imparato durante questi anni è che siamo tutti interconnessi, tra noi, con la natura, con il mondo e con l'invisibile. La vita è energia, noi siamo energia, il mondo è energia, *tu* sei energia, l'universo è energia, l'energia è vita e la vita è creazione. Entrare consapevolmente nel campo quantico e osservare quello che accade scegliendo la vibrazione della vita è quello che ti propongo in questo viaggio.

CON-TATTO ANIMA n. 2: risposte non convenzionali ma funzionali.

Ti propongo degli approcci diversi da quelli a cui sei abituata:
- accetta che sei dentro la vibrazione dell'universo con le sue parti visibili e invisibili che creano la tua realtà;
- diventa consapevole del tuo esistere dentro un grande

multiverso (secondo alcune teorie astrofisiche, l'insieme ipotetico di universi coesistenti di cui anche il nostro farebbe parte) fatto di energia che porta informazioni.
- accetta ciò che ti è successo e ti succede con uno sguardo di curiosità per vedere in tutto questo un messaggio diverso, una risposta che l'universo ti fa arrivare a volte in modo inusuale.

Non significa che il dolore smetta di esistere nella tua vita, o che le persone cattive e malate non entrino più nel tuo campo di azione, ma la differenza la fa come vivi tutto questo e come puoi trasformarlo. Ci vogliono compassione per te stessa, impegno e determinazione per modificare quel pensiero, quell'emozione di perdita. Ci vuole molto amore per se stessi, amore e accettazione per le scelte fatte.

Il primo passo importante è *accettare* che qualcosa è accaduto (un divorzio, un licenziamento, una perdita, un trasloco, una violenza fisica, emotiva o psicologica...). Il vero lavoro da fare, quello in grado di cambiare tutto quel dolore, tutto quel fallimento in qualcosa di *migliore* è accettare.

Per me ha fatto la differenza scegliere di sostenere le donne e gli uomini che hanno perso i loro figli, uomini e donne che hanno perso persone importanti. Ma la scelta di sostenere le donne dopo la perdita dei loro figli nasce soprattutto dal sapere che bisogna riempire quel vuoto con qualcosa di utile e che quelle anime mai nate vogliono solo *Essere Riconosciute*.

CON-TATTO ANIMA n. 3: campo quantico di gruppo per incontrare l'anima.

Questo tipo di campo quantico di lavoro si svolge in gruppo, formando un cerchio con le persone che decidono di partecipare a questo tipo di esperienza. Per fare il "teatrino" delle costellazioni sciamaniche di gruppo, la modalità è quella che leggerai di seguito e, come puoi osservare, è diversa dal campo quantico che prepari per fare i tuoi esercizi.

Preparo il campo, con la pulizia energetica del luogo, le invocazioni, la preparazione dell'altare per canalizzare le energie positive utili a quell'esperienza. Si inizia con una meditazione di apertura per preparare i partecipanti a essere presenti a se stessi e all'esperienza del campo. Nel caso di questo laboratorio tutti i partecipanti erano coinvolti ognuno con "un ruolo da mettere in scena". Ogni partecipante si sposta liberamente in base all'emozione che prova.

Il mio compito è quello di osservare tutto quello che accade nel campo, ogni movimento di ogni persona, per comprendere dov'è il blocco, per sostenere e accompagnare le persone al con-tatto affinché accettino la situazione per quella che è, senza giudizio. Dopo aver accettato la situazione, per produrre un cambiamento positivo nella vita reale, si procede a rimettere nell'ordine naturale il problema, dandogli una nuova energia.

Qualche anno fa ho formato due laboratori di studio (un campo quantico a Milano e uno a Lodi) sul viaggio delle anime, per scoprire cosa succede alle anime nei 9 mesi di gestazione. In scena nel campo del "teatrino" ci sono i 9 mesi di gestazione, c'è la vita, c'è l'anima, c'è il viaggio, ci sono le emozioni, i genitori, i fattori biologici, le complicazioni e tutto quello che occorre per questo viaggio. E il "teatrino" del viaggio delle anime inizia.

Durante questo laboratorio di messa in scena emerge che l'anima esiste nell'istante in cui lo spermatozoo entra nell'ovulo, emerge l'importanza di darle un nome (anche se il feto si perde nei primi 3 mesi) per riconoscere quell'anima.

Nella mia esperienza professionale (oltre che personale) ho constatato che il *dolore* della perdita, sia che una donna abbia perso suo figlio per aborto spontaneo sia che lo abbia fatto per aborto volontario, è lo stesso. È il dolore di una donna che non abbraccerà *mai* quell'anima, quel figlio, quell'essere, e ha bisogno di un con-tatto d'amore per poter incontrare l'anima di entrambi e fare pace.

CON-TATTO ANIMA n. 4: apertura di mente e cuore per ottenere risposte non convenzionali che portano benessere psico-fisico-emotivo.

Riuscire a descrivere un con-tatto con l'anima non è facile. Per questo ho scelto di farlo tramite questa testimonianza, quella di Melania F. (Lodi), che è la più lunga di tutte e parla di un vero viaggio personale per ritrovare la vibrazione della vita.

«Era il mese di febbraio dell'anno 2013 quando decisi di partecipare al percorso di *studio sul viaggio delle anime* organizzato da Maria Rita, non perché avessi il forte desiderio di diventare mamma, ma per il semplice motivo che ero curiosa di vedere come vive l'anima durante quelle lunghissime 40 settimane.

Quando iniziammo la serata, ricordo che faceva freddo e c'era una luce soffusa. Entrammo nel "teatrino" e l'anima arrivò subito e fu accolta con amore da tutti i presenti! Le persone rappresentarono con entusiasmo i 9 mesi di gestazione, i suoi primi due mesi di vita, instabili e delicati perché l'anima non sa ancora se fermarsi o no fino alle 12 settimane.

In quel campo quantico fui pervasa da quell'emozione che tutti conosciamo con il nome di solitudine, mi sentii in un momento di stallo, nulla ebbe più senso perché tutto si era fermato... La gravidanza di quella mamma e la vita di quell'anima non andò oltre le 8 settimane, quell'anima aveva scelto di interrompere il suo viaggio.

Fu un'esperienza fortissima, ricordo perfettamente quel percorso di studio, come si sentiva e cosa provava quell'anima che aveva deciso di non fermarsi. Oggi posso dire che il campo quantico mi aveva già preparata in anticipo a qualcosa.

Nel 2013, a dicembre, dopo essere tornati dall'Austria, io e mio marito Cristian decidemmo di diventare genitori, o per lo meno di provarci! Qualche giorno prima di Capodanno, feci il test di gravidanza che risultò positivo. Il 26 gennaio 2014 ebbi delle perdite e corremmo in ospedale. "La gravidanza si è interrotta": queste parole risuonano ancora oggi nel nostro cuore come una pugnalata a tradimento. Quel cuoricino nato dal nostro amore, che batteva dentro di me e che tanto ci faceva sognare, si era fermato dopo aver pulsato per 8 settimane.

D'altronde, durante il percorso delle anime avevo visto che poteva accadere. La cosa buffa è che fino a quel momento avevo considerato quell'esperienza come un percorso di crescita personale, ma da quel momento in poi, quella serata e quel teatrino diventarono un pezzo della mia vita.

Ero a conoscenza della vita che quell'anima aveva fatto nelle 8 settimane in cui si era fermata con noi, ma sapevo anche come si sentiva dopo che il suo cuore aveva smesso di battere... ed era terribile! Mi sono sentita completamente svuotata, vuota e inutile, la mia femminilità era stata ferita nel profondo e, per la prima volta, ho visto mio marito piangere disperatamente.

Insieme, decidemmo di non fare il raschiamento ma di effettuare la terapia farmacologica per l'espulsione. Fu lunga, dolorosa ed emotivamente struggente, ma Hope (il nome che abbiamo dato a nostra figlia non nata) meritava una "nascita dignitosa". "Non devi considerarlo un bambino formato, perché è un agglomerato di cellule", mi dissero in ospedale. Per me e mio marito quell'agglomerato di cellule, in tutta la sua delicatezza, le sue emozioni e i suoi sentimenti, meritava tutto il nostro rispetto.

Qualche mese dopo partecipai a una sessione individuale con Maria Rita e, ancor prima di iniziare, lei mi chiese: "Melania dove sei? Ti sento lontana!" Scoppiai in lacrime... Furono 90 lunghissimi minuti in cui presi coscienza del mio reale stato d'animo e del mio allontanamento da tutti, compreso mio marito.

Ero risucchiata da quel *loop* inevitabile e terribile in cui entrano le mamme che si innamorano perdutamente di quel cuore che trotta come un cavallo.

Il mio cuore si era fermato nello stesso momento in cui aveva smesso di battere il cuore di Hope. Io e mio marito capimmo che non era la condizione ideale per proseguire la nostra vita e realizzammo che era arrivato il momento di salutare quell'anima, era giusto per liberare lei, per darle la possibilità di tornare alla luce, ed era necessario per noi.

Maria Rita aveva organizzato una giornata di "teatrino" delle costellazioni sciamaniche e decidemmo di partecipare. Forse potevamo salutare quell'anima. E così è stato: il campo quantico preparato da Maria Rita era pronto ad accogliere quell'anima, e lei arrivò. Li ho visti in piedi, davanti a me: suo papà Cristian e lei, presi per mano, complici e amorevoli...

Io ero sola e lontana, chiusa nel mio lutto di mamma fallita, ma fu la più bella esperienza della mia vita. L'amore che io e mio marito avevamo per Hope non lasciava spazio alla sofferenza... quanta delicatezza e freschezza quell'anima, il suo arrivo in punta di piedi e la chiusura del mio grembo che ancora avvolgeva il ricordo del suo cuore pulsante... Hope era lì con noi e per noi, e noi eravamo lì per lei. Abbiamo avuto la possibilità di abbracciarla, di coccolarla, di piangere con lei, di sentire il suo profumo, di salutarla e accompagnarla in questo suo viaggio di ritorno alla luce.

Ricordo che mio marito era seduto a terra con la schiena contro il muro, io ero appoggiata a lui con in braccio Hope... Mi sentivo avvolta dalle gambe di mio marito e avevo in braccio mia figlia e insieme la abbracciavamo... quanta emozione! Non potevo chiedere di più in quel momento, tutto ciò che amavo era lì. Avrei voluto che quel momento durasse per sempre, ma improvvisamente Maria Rita ci ha sussurrato: "Deve andare!"

La disperazione e il dolore che ho sentito in quel momento era talmente forte che solo allora mi sono resa conto che quello era un addio. Ho sentito una mano sul mio grembo, un calore fortissimo, un calore d'amore, ho sentito nuovamente pulsare di vita quella parte di me morta per 4 mesi, ho avuto la sensazione di avere dentro un fiore di loto che stava aprendo i suoi petali per mostrarsi in tutta la sua bellezza.

L'energia era cambiata, era fresco, si percepiva una brezza marina soffiare verso di noi, il cinguettio degli uccellini al chiarore del sole, lo sbocciare delle margherite nel profumo di primavera... Maria Rita, si avvicinò al mio orecchio e mi sussurrò: "Adesso hai fatto spazio per qualcun altro!" Io e mio marito quella sera tornammo a casa e facemmo l'amore con la stessa passione di quando avevamo deciso di diventare genitori di Hope.

Dopo due settimane, durante una sessione di respiro (sempre con Maria Rita), elaborai l'aborto a livello fisico. Il dolore mi riportò a quelle 24 ore in ospedale passate tra flebo e dolori per "far nascere" Hope senza traumi per lei. E nuovamente la mano di Maria Rita sul mio grembo e la sua voce che mi sussurra all'orecchio: "Qualcuno ha preso posto". Qualche giorno dopo feci il test di gravidanza e, il 22 febbraio 2015, alle 19:40, è nata la nostra meravigliosa bimba arcobaleno, che oggi ha quasi 3 anni: *Nicole*.

E poi c'è lei, lei che è unica nel suo genere. Lei che puoi amare o odiare, lei che conserva segreti e confidenze e cura tutte le ferite. Lei che non giudica ma comprende... O la fai entrare nella tua vita o la lasci fuori, non può esistere una via di mezzo con lei, è semplicemente unica, speciale, diretta e amorevole, sa sempre cosa fare al momento giusto.

Penso con tutto il mio cuore che, se non ci fosse stata lei, probabilmente quel posto non si sarebbe liberato per Nicole. Lei è Maria Rita!» (Melania F. e C., genitori di Hope e di Nicole).

CON-TATTO ANIMA n. 5: l'universo evolve e tu evolvi con la vibrazione della vita, la vita è energia e l'amore è l'energia dell'anima.

Creare un campo dove possano avvenire questi con-tatti esperienziali con le persone è diventato il punto cardine del mio lavoro insieme al respiro della connessione, che permette alle persone di fare pace con il dolore, con il senso di colpa. Il male e il dolore sono assenza di luce.

Contro il male (che sia dolore, senso di colpa o altro) un cuore colmo di compassione è la forza più potente ed efficace che esista. L'esperienza umana è un viaggio per diventare *interi*, e lo si diventa nel potere del perdono, che non è una questione morale bensì una dinamica (complesso di eventi e cause che producono un determinato effetto) energetica. Oltre che con il perdono, si diventa integri anche grazie all'umiltà, alla chiarezza e all'amore.

L'amore è l'energia dell'anima, quindi sperimentare l'atto di dare e ricevere amore (in un campo quantico), e di vivere quella vibrazione ad alti livelli, permette di portare quella vibrazione anche fuori dal campo quantico e di viverla ogni giorno. Tu evolvi, l'universo evolve, noi evolviamo e lo facciamo solo con la vibrazione della vita, e la vita è energia, e l'amore è l'energia dell'anima.

E visto che amore è l'energia dell'anima, ho iniziato a sostenere e considerare figli miei tutte le persone che si rivolgono a me; ogni donna che ho accompagnato lungo la gravidanza con il respiro, ogni donna che ho sostenuto prima del parto, oppure per aiutarla a superare una perdita. Considero figli miei ogni donna, uomo, adolescente e bambino con cui ho lavorato e che ho sostenuto, che sia stato un con-tatto con il respiro, un con-tatto all'interno del campo quantico oppure un con-tatto con il massaggio.

Tutto il mio lavoro con il campo quantico ha l'obiettivo di sbloccare le emozioni distorte, di ridare benessere e integrazione con il respiro della connessione e di terminare sempre con la danza come inno alla vita! Il mio intento più alto è dare pace e sollievo alle persone che si rivolgono a me e sostituire il vuoto che sentono nell'anima con un punto di forza che sia anche l'opportunità di trovare una nuova strada. Com'è stato per me.

Questo è stato il mio vero e unico modo per onorare Giulia!

RIEPILOGO DEL CAPITOLO 5:

- CON-TATTO ANIMA n. 1: onorare un'anima *mai* nata con qualcosa di utile.
- CON-TATTO ANIMA n. 2: risposte non convenzionali ma funzionali.
- CON-TATTO ANIMA n. 3: campo quantico di gruppo per incontrare l'anima.
- CON-TATTO ANIMA n. 4: apertura di mente e cuore per ottenere risposte non convenzionali che portano benessere psico-fisico-emotivo.
- CON-TATTO ANIMA n. 5: l'universo evolve e tu evolvi con la vibrazione della vita, la vita è energia e l'amore è l'energia dell'anima.

Conclusione

Questo espormi e scrivere di cose importanti e personali è stata una grande sfida da poter superare per farne qualcosa di buono che possa essere di aiuto a molte altre donne.

È stato un viaggio doloroso, perché ho ripercorso tutte le tappe più difficili della mia vita, e scriverle ha procurato riflessioni importanti, nuove consapevolezze e nuovi obiettivi. Sicuramente non sono la stessa persona di quando ho iniziato a scrivere. Ho una consapevolezza diversa.

A volte diamo per scontate molte cose, ma ripercorrere questo viaggio, mentre scrivevo il libro, mi ha dato la possibilità di vedere quanti successi personali ho ottenuto e quante persone hanno ottenuto benefici dalle mie tecniche.

Sono contenta di tutte le trasformazioni avvenute nella mia vita – quelle che ho condiviso in questo libro con tutti quelli che sceglieranno di leggerlo – ma la vera trasformazione di cui vado molto orgogliosa è essere riuscita ad arrivare a fare il massaggio del con-tatto dell'anima, anche al sesso maschile senza l'aiuto dei teli. Un massaggio che, partendo dal corpo fisico e seguendo il ritmo dei muscoli e del respiro, lavora sui "corpi sottili" portando alla connessione totale corpo, mente spirito ed emozioni.

Con i prossimi libri l'obiettivo è di proseguire con il "con-tatto con l'anima" (in modo più specifico) e con il con-tatto del mio massaggio olistico completo, due campi esperienziali molto importanti nella mia vita.

Oggi viviamo in un mondo tecnologico, virtuale, dove le persone si incontrano velocemente e trasmettono quante più informazioni possibili in poco tempo, ma non possiamo dimenticare che siamo esseri umani e abbiamo bisogno di contatto con la natura, con noi stessi, con gli altri. Un con-tatto che ci faccia vibrare con gentilezza, con amorevolezza, che ci faccia sentire l'energia che scorre e che siamo tutti collegati a un unico grande campo energetico pieno di amore.

Mi piacerebbe dare a più persone la possibilità di sperimentare questo tipo di con-tatto con sè stessi e con gli altri. Un Con-Tatto Esperienziale realmente vissuto è carico di vibrazioni e di energia, di amore e informazioni, ed è stato complicato cercare di spiegarlo attraverso le parole, essendo una persona che principalmente vive l'esperienza attraverso il contatto. Spero di esserci riuscita!

È stato un viaggio importante, una grande opportunità. E vorrei dare anche a te questa possibilità, quindi ti lascio i miei contatti.

www.miatitakb.it

https://miatitakb.wordpress.com/

Facebook: Mia Tita K.B.

Maria Rita Manno

www.ingramcontent.com/pod-product-compliance
Lightning Source LLC
Chambersburg PA
CBHW070509090426
42735CB00012B/2715